편지

鄭國榮(筆名 : 雲影)

1957년 11월 大田出生
1976년 1월 忠南高等學校 卒業
1980년 2월 忠南大學校 工科大學 精密機械工學科 卒業
1981~1998년 (株)韓國光電子硏究所 勤務
2000~2024년 (株)탑일렉트론 勤務

편지

초판 1쇄 인쇄	2024년 08월 06일
초판 1쇄 발행	2024년 08월 20일
신고번호	제313-2010-376호
등록번호	105-91-58839
글	정국영
발행처	보민출판사
발행인	김국환
기획	김선희
편집	조예슬
디자인	김민정
ISBN	979-11-6957-204-0 03810
주소	경기도 파주시 해올로 11, 우미린더퍼스트@ 상가 2동 109호
전화	070-8615-7449
사이트	www.bominbook.com

• 가격은 뒤표지에 있으며, 파본은 구입하신 서점에서 교환해드립니다.
• 이 책은 저작권법에 의하여 보호를 받는 저작물이므로 무단 전재와 복사를 금합니다.

편지

정국영 글

머리말

국민학교(초등학교) 高學年이 되었을 때
누나는 이미 고등학생이었다.
내내 시행되던 중학 입시가
우리 때부터 폐지된다는 발표가 있었고
입시에서 해방된 우리는 일찍 歸家할 수 있었다.
골목에서 친구들과 노는 게 일이었지만
어쩌다 집에 있게 되면 혼자 놀아야 해서
소일거리를 찾던 어느 날
책꽂이에 꽂힌 누나의 교과서에 눈길이 갔고
제일 만만한 게 국어책이어서 꺼내어 읽기 시작했는데
황순원의 소나기를 읽고 충격을 받았다.
계집애가 왜 허망하게 죽어야 했는지 너무 슬펐기 때문이다.
소설을 읽었지만 나는 소나기가 문학작품이 아닌 事實
현실에서 있었던 사건으로 받아들였고
훗날 내 교과서로 읽을 때까지도 그 감정을 간직하고 있었다.

오학년 때 차분한 모습의 육학년 선배를 바라보던 일
우연은 아니었나 보다.
누나의 교과서를 다 읽은 다음
집에 있던 모든 문학작품을 읽게 된다.
이해하지 못하는 게 당연했지만 그래도 다 읽었다.
그때 읽은 김형석 교수의 수필집에서 발췌한 몇 문장
지금도 인용한다.

고등학교 1학년이 끝나가던 2월 봄방학 전
국어 선생님이 서울대 국어시험 문제라며
尹東柱 詩人의 "별 헤는 밤"을
칠판에 무작위로 쓰시며 맞추어 보라고 하셨다.
쉽게 맞추었지만 또 한 번 놀라야 했다.
詩人의 마음을 헤아리며 마음 아팠고
별을 사용한 여러 문장은 밤하늘의 별을 다시 바라보게 하였다.
당장 東柱의 詩集을 사서 읽기 시작하였고
우리 近代文學 시인들의 시집을 찾아 읽었다.
靑馬 柳致環의 詩에서도 많은 감명을 받았다.
글에 누군가의 영향이 끼쳐 있다면 靑馬의 詩일 것이다.
그중 마음에 드는 詩들을 골라 별도의 노트에 옮겨 적었다.
방학 때마다 한두 권씩 직접 쓰니 저절로 외워졌고
외워지니 이해도 쉬웠다.

몇 권은 누군가에게 선물했는데
이젠 기억나지 않는다.

고1 때부터 詩를 쓰려 했다.
보내지 못할 편지 대신 詩라는 형식으로
심정을 표현하고 싶었지만
쉬운 일이 아니었다.
여기 저기에 흔적이 남아 있다.
그 당시에 쓰여진 글들은 스스로에게도
마음에 들지 않아 감추었고
누구에게도 보여주지 못했다.
대신 편지는 많이 썼다.
보내지 못하고 아직 간직하고 있는 편지는
이제 다시 읽어보며 무슨 생각이었는지 위로하고 싶다.
좋아하는 사람에게도
말해보고 싶은 사람에게도
열심히 썼다.
대부분 긴 편지였지만
언젠가부터 문장을 줄이려는 노력도 했다.
편지 대신 엽서도 이용했기 때문이다.
어쩌다 싯귀절이 떠오르면 여기 저기 메모를 해두었고
편지를 쓰는 과정에서 마음에 드는 문장이 나오기도 했다.

편지라는 제목을 쓰기로 한 것은
대부분의 글이 편지 쓰는 과정에서 나왔기 때문이다.
누군가를 생각하며 편지를 썼지만
간혹 자신이 주체할 수 없는 상태에서
평소에 써지지 않는 표현이 등장하기도 했다.
편지지에 옮겨 적는 과정에 그 글을 따로 정리해두었다.
결혼을 하고 아이가 태어나고
다시는 써질 것 같지 않아 후에 아이들에게 남겨줄 요량으로
시집을 꾸민 적이 있다.
거짓말처럼 글이 써지지 않았고
2001년을 마지막으로 잊고 살았다.

쓰던 물건을 잘 버리지 않는 성격이라
많은 것들을 지니고 있었다.
육십 나이를 바라보며 자료들이 걱정되었다.
나에겐 소중하지만 다른 이에겐 필요 없는 물건
내가 떠나고 나면 누가 아껴줄 것인가.
사진과 필름, 편지, 일기장과 다이어리
엄두가 나지 않을 정도로 많았지만
세월을 투자하니 끝이 보였고
확인하며 파일로 만들었다.
압도적으로 편지가 많다.

편지를 쓰기 위해 草稿를 썼기에
보낸 편지 대부분을 확인할 수 있었고
그러면서 갑자기 글도 쓰여졌다.
기억이 되살아나며 그 공간을 다녀올 수 있었고
단절된 기억을 이었다.
일기장과 초고를 적은 노트를 비교하며
기억하지 못한 날들을 기억 속에 편입시켰다.
기억만으로는 아쉬웠던 발자취를 복원하며
스스로 위로를 받았다.
흩어진 기억들을 모아보니 치열하게 살고 있었고
원하는 결과를 얻지 못해 안타까워하면서도
불행이라 여기지 않았다.
자신의 행동에 결코 후회하지 않겠노라 다짐했기에
세상 살기 쉽지 않았지만, 이젠 돌이킬 수 없는 일.
어딘가에는 後悔와 未練, 悔恨을 남겼을 것이다.

因緣이 닿았던 모든 분들에게
慰勞와 感謝의 말씀 전합니다.

- 2024년 7월 3일 14시 11분

목차

머리말 • 4

알 수 없어요 • 19
골목 • 20
匕首 • 21
理由 • 23
그림 • 25
숲과 노래와 恩 그리고 • 29
바램 • 31
숲으로 가는 길 • 34
愛淑氏에게 • 36
牡丹꽃 • 38
祈願 • 39
비 • 40
九月에 • 41
苦痛 • 43
元美氏에게 • 46
元美氏에게 • 52
예비고사 • 55
까치 • 59
영원한 사랑 • 61

사월의 사랑 • 62

四月의 밤 • 67

五月의 香氣 • 68

錯覺 • 71

鉉淑氏에게 • 73

집에서『가을 하루』• 75

龍田洞에서『가을 하루』• 77

講義室에서『가을 하루』• 79

想念『가을 하루』• 80

農大 논에서『가을 하루』• 81

册床에 앉아『가을 하루』• 82

잠자리에 들며『가을 하루』• 84

鉉淑氏에게 • 88

鉉淑氏에게 • 90

鉉淑氏에게 • 91

答狀 • 94

風景 • 96

善榮氏에게 • 98

얼굴 • 99

善榮氏에게 • 100

善榮氏에게 • 102

善榮氏에게 • 103

鉉淑氏에게 • 104

불꽃 • 105

善榮氏에게 • 107

살아있다는 것 • 110

봄기운 • 111

談判 • 113

우리 • 114

기다림 • 118

作別 • 120

1978년 6월 20일 • 125

1978년 6월 22일 • 128

1978년 7월 9일 • 130

1978년 7월 13일 • 131

斷想 • 132

可能性 • 134

恩에게 • 138

恩에게 • 140

그대와 나 • 142

順善氏에게 • 143

靈魂 • 145

1978년 9월 29일 • 146

恩에게 • 147

1978년 10월 27일 • 151

늦가을 • 155

Beatles • 156

가을 소리 • 160

1978년 11월 27일 • 162

1978년 11월 29일 • 164

아침 • 168

깨달음 • 169

비가 내리다 • 171
順善氏에게 • 172
卒業旅行 • 175
거미 • 178
여름밤 • 180
絶望 • 182
기다림 • 184
먼 곳 • 185
구름과 바람 • 189
구름과 바람 • 191
落花巖 • 193
皐蘭寺 • 194
첫눈 • 195
가랑비 • 197
꿈꾸지 않는 잠 • 198
기다림 • 200
都市의 밤 • 202
英信에게 • 208
順善氏에게 • 210
사이 • 213
鉉淑氏에게 • 214
順善氏에게 • 216
鉉淑氏에게 • 223
恩에게 • 225
가을 • 228
빗소리 • 230

꼬마 美子에게 • 231
꼬마 美子에게 • 232
꼬마 美子에게 • 238
꼬마 美子에게 • 241
1983년 4월 4일 • 250
元貞氏에게 • 251
눈초리 • 258
보름달 • 260
順善氏에게 • 262
順善氏에게 • 265
어리석은 마음 • 269
진희에게 • 272
恩에게 • 276
연에게 • 279
바람 불던 날 • 284
生日 • 287
다짐 • 289
壽賢氏에게 • 293
壽賢氏에게 • 294
元에게 • 302
사랑 • 306
소중한 사람에게 • 308
첫눈을 기다리며 • 310
겨울비 • 311
生命 • 313
첫눈 • 315

時間 • 316
한마디 • 318
陰曆 시월 보름 • 319
挑戰 • 321
죽음 • 323
妥協 • 325
離別 • 327
二十一世紀는 • 329
인사 • 332
窓가에서 • 336
妖精 • 337
來에게 • 338
제비 • 341
來에게 • 342
橙꽃 그늘에 앉아 • 345
公園을 걸어오며 • 348
元에게 • 351
向島의 밤 • 355
無常 • 357
은주에게 • 359
은주에게 • 362
來에게 • 368
삶 • 375
歲月 • 377
晶에게 • 379
미쓰 高 • 382

音樂 • 385

어둠꽃 • 387

봄길 • 389

복사꽃 • 392

부끄러운 마음 • 393

봄비 • 397

慾心 • 398

마음의 病 • 399

未練 • 400

炫宣氏에게 • 402

눈물 • 404

炫宣氏에게 • 406

炫宣氏에게 • 408

炫宣氏에게 • 410

그리움 • 416

因緣 • 418

그대 • 420

웨딩드레스 • 421

동동주 • 423

라일락 • 425

아버지 • 426

꽃바람 • 428

아픈 어깨 • 429

마지막 저녁 • 431

초겨울 안개 • 434

虛妄 • 435

어느 아빠의 사랑 • 438

구름 그림자 • 441

십일월 • 442

밭에서 • 445

順善氏에게 • 447

辨明 • 453

約束 • 454

꽃집 아가씨 • 456

벗이여 • 457

꿈꾸고 있나요 • 459

處暑에 내리는 비 • 461

小也 • 464

공룡능선 • 474

마무리 • 481

고장 난 번개 • 488

사랑해서였는지 사랑하고 싶어서였는지
아니면 미워서였는지 온 힘을 다해 썼다.

〈1973년 4월 蘇堤洞敎會 계단〉

알 수 없어요

알 수 없어요. 그 마음을
해 지고 달 떠서 별이 빛나도

알 수 없어요. 그 마음을
달 지고 해 떠서 별이 흐려져도

시간이 흘렀나요. 마음이 흘렀나요.
정답던 그 마음 어느 봄날 꿈인가요.

뛸 듯이 기쁘게 한 그 편지
한없이 슬프게 하는 그 마음
일곱 빛깔 무지개처럼 알 수 없어요.

알 수 없어요. 그 마음을
해 지고 달 떠서 별이 빛나도

알 수 없어요. 그 마음을
달 지고 해 떠서 별이 흐려져도

- 1973년 7월 26일

골목

계집애가 사는 이 골목
첫눈에 내 마음 훔쳐간
내 첫사랑이 머무는 곳.

사랑에 눈뜬 어린 영혼이
조바심의 발걸음 재촉하여
애타는 눈망울로 바라보는 곳.

계집애가 다니는 동네길
무심히 오가는 발길 걸음에도
눈치 없는 눈총 쏟아지는 곳.

책을 펼치고 있다가도
왠지 모르게 길목으로 나서면
영락 없이 고개 돌려 지나가는 곳.

계집애가 잠든 이 골목
벅찬 가슴에 아픔 안긴
내 첫사랑이 꿈꾸는 곳.

- 1973년 12월 22일

匕首

저녁 무렵에야 함이 도착했다.
펼쳐 보니 듣던 대로 대단했다.
추적추적 내리는 빗속을 다니며
동네에 음식을 돌렸다.

별도로 챙긴 떡을 들고 나섰다.
문간방은 벌써 불이 켜져 있었고
창문을 두드리고 비켜 서 있으니
커튼을 젖히며 고개 내민 사촌동생이
"언니가 두드렸어?"
"아니"

놀라 돌아보니 그가 서 있었다.
떨리는 마음 억누르며 같이 보았다.
서먹한 말 몇 마디가 오가고
형을 찾으니 기다려 보라며 들어간다.

잠시 후 처음 보는 꼬마와 나온다.
큰길까지 갔다가 돌아서 지나며

그때 미안했어요.
나지막한 목소리가 가슴에 꽂혔다.

기다리고 있으니 다시 나와 다가왔다.
그때 "이 책 빠르렸어요, 받아요"
입시 때 주었던 참고서를 내민다.
가져간 떡 형한테 전해달라고 하니
"내놔요 이리"
받아 들곤 총총히 들어갔다.

안방과 거실에선 혼수품 정리하랴
누나 결혼식 얘기로 부산하다.
사촌동생인 꼬마와 나왔던 것은
그 말 하려고 그랬던 거야?

- 1974년 4월 13일

理由

그녀가 먼저 태어나서
나 태어나기 전에 한 줌 흙으로 돌아간다면
나 그녀의 一部를 지니고 살아갈 수 있으나
그건 아무런 意味 없는 일.

그녀의 몸에 흐르는 피와
내 몸에 흐르는 피가
根源을 알 수 없어도
섞여 있을 수 있는 것 아니냐?

그녀가 숨 쉬면 나도 숨 쉬고
그녀의 발자취 나도 밟으며
그녀의 손자국 나는 품었고
그녀의 痕迹이 내게 있으니
그녀가 나에게 있지 않느냐?

슬퍼 마라.
怨望할 것도 絶望할 것도 없다.
달을 보고 울지 말 것이며

빗속을 거닐며
울분과 哀愁를 달래는 것도 버려라.
곁에 있지 않을 뿐
같은 숨을 쉬고 있지 않느냐?

언젠가 그녀가 숨을 멈추고 微笑를 멈추면
나도 눈 감고 숨 멈추어 슬픔은 사라지리라.
그날로 우리는 한 줌 흙으로 돌아가
산산이 부서져 虛空을 떠다니게 되고
그때는 永遠히 떨어지지 않으리니
어느 곳에서나 함께하면 되지 않느냐?

너는 그 時間을 내달리고
나는 그 時刻을 기다린다.

- 1974년 7월 2일 17시 38분
敎室에서

그림

어제는 비가 내렸습니다.
바람도 불었지요.
芭蕉 잎을 구르던 빗소리는
멀리멀리 너울져 가고
잎새를 울리던 빗방울은
하염없이 이 밤을 흐느꼈습니다.

그림을 그렸지요.
하얀 그림을 그렸지요.
잎새를 떨구는 바람을 그리고
어제를 울리던 비를 그렸지요.
흠뻑 젖은 얼굴을 하고
보이지 않는
그릴 수 없는 그림을 그렸지요.

맑은 눈은 호수를 그리고
자유로운 구름은 헤엄을 치고
저편 언덕 하늘은 햇살을 주웠습니다.
눈 덮인 산이 화를 내서일까요?

동그란 얼굴은 감동이었고
까만 두 눈은 우수였습니다.
입가의 미소는 暗示였고
살폿한 보조개는 두 마음이었습니다.

흐르는 개울을 거두어 눈물에 섞고
깊은 신음하듯 허공을 올라
고독과 비애를 한 손에 받쳐 들고는
만족한 듯 가득히 미소 짓던 모습

여울진 빗소리가 아득히 들려오고
가득한 그리움이 나래를 펴면
어제를 왔던 그리움이 발밑을 나르고
곱게 자란 머리는 하늘을 날았습니다.

끝없는 연민의 정을 꿈에서 보았지요.
오늘을 지키던 호젓함도 꿈에서 보았지요.
괴로움도 후회도 없었지만
어제 내린 비는 그림이 아니었습니다.

새벽 남녘으로 올라섰던 반달이기에
하나둘 쪼개어 종소리에 날리고
허전한 듯 손을 펴고 바라보았죠.

그림을 그렸지요.
하얀 그림을 그렸지요.
잎새를 떨구는 바람을 그리고
어제를 울리던 비를 그렸지요.
흠뻑 젖은 얼굴을 하고
보이지 않는
그릴 수 없는 그림을 그렸지요.

- 1975년 3월 6일
高3을 始作하며

〈1976년 卒業앨범 寫眞〉

숲과 노래와 恩 그리고

흐르는 어둠의 슬픔을 모아
서러운 이 밤에 내리는 그리움의 흐느낌이여
스러진 허공의 불빛을 안고 어여쁜 모습을 찾노니
슬픈 고개 숙여 밤을 새워요.
소리치는 노래 불러 밤을 깨워요.

파란 밤을 그리움에 흐느꼈어요.
어지러운 바람의 춤을 그리며 혼자서 기다렸건만
차가운 새벽 꽃밭에서 잠을 잤다고
살폿한 그 마음 소리쳐 불렀다고
미워하지 않았겠죠, 울지도 않았겠죠.

멀어진 어둠 속의 그림자여, 어여쁜 모습이여
슬퍼하지 않는 고개 들어 노래 불러요.
끝없이 노래 불러 밤을 새워요.
너무도 긴 노래였기에
흐르는 마음에 기대어 잠들고 싶었어요.

하얀 뭉게구름일랑 두 손에 꼬옥 쥐고

먼 옛날 꿈이 잠든 숲으로 가요.

긴 그리움일랑 입술에 꼬옥 물고
먼 바다 파도 소리 들리는 숲으로 가요.

아득히 들려오는 妖精의 노랫소리
파아란 하늘에선 기쁨이 나부껴요.

숨어서 울지 않는 산새가 사는
오랜 기다림의 꽃이 피는 곳으로
가슴 뛰게 하는 속삭임, 변하지 않는 꿈 주우며
귀여운 얼굴일랑 어깨에 기댄 채
솔가지 길게 늘인 오솔길 걸어
우리 숲으로 가요.

- 1975년 7월 17일

바램

流星이 스쳐 가는 길엔
하얀 그리움이 흩어지고
가을을 속삭이는 풀잎 속엔
한 아름 꿈이 쏟아진다.

계절을 노래하는 풀벌레에 맞추어
늦도록 이 밤을 노래한다면
오랜 바램이 찾아올까?

저 달을 꿈속에서나 보고 있겠지.
그믐밤 너와 함께 언덕에 올라
빛나는 저 작은 별들을
끝없이 헤아려 보고 싶다.

길이 멀고 험하다 한들
사랑으로 괴로운 이 마음보다
더 험하고 멀지는 않을 거야.
날 잊지 않고 있을 줄 알아.
언제나 곁에 있는 것만 같아.

조금 있으면 날이 밝아오고
별들이 빛을 잃어갈 뿐이지
바뀌는 것은 없겠지.
내 생각이 변함없듯이

- 1975년 8월

숙명?

축성이라고
너무 많이 먹어
탈이나지 않도록

몸조심하여
평온한 하루가 되길……
아울러 네가
'25년에 가장 바라는 일이

풀잎에 이슬 맺듯,
이루어 지도록
마음 속으로
빌어 본다.

숲으로 가는 길

언덕에 서서 들을 보노라면
길은 굽이쳐 강물처럼 멀어지고
가물거리는 아지랑이 너머로
푸른 숲이 보인다.

저만큼은 얼마나 먼 것일까?
가는 길은 있는 것일까?
거기엔 또 누가 살고 있을까?

머리에서만 맴도는 憧憬의 世界
봄의 畵幅 속엔 길이 보이고
희미한 그 너머엔 숲이 그려져 있다.

누군가와 걷고 있는 나를 발견하려고만 했다.
목표는 정하지도 않은 채 꿈만 꾸고 있었다.

우연히 버스에서 마주친 여학생이
같은 곳으로 향한다는 걸 느끼고
천천히 따라 걸었다.

그녀는 논을 지나 좁은 길을 걸어 언덕으로 오른다.
따사로운 봄볕에 길은 하얗고 松林 사이로 멀어진다.
내가 그린 그림인가 하여 뛰어갔더니
얼마 못 가 길은 두 갈래로 나뉘고
길다란 담장이 높게도 가로막고 있었다.

- 1976년 3월 9일
龍田洞에서 崇田大를 바라보며

바람과 비가 그치고 훈훈한 고요가 찾아왔습니다.
진통이 끝났다고나 할까요?
불던 바람에 목련꽃은 떨어져 뜨락에 널려 있네요.

牡丹 꽃망울이 터질 듯합니다.
少女의 볼처럼 또한 가슴처럼
五月 薰風이 밀려오면 더 못 참고 터뜨릴 거예요.
크고 탐스럽고 어려운 모습의 꽃
그렇지만 벌과 나비는 잘 찾아주질 않네요.
너무 고와서 꺼리는 건지
香氣가 없어서 그러는 건지

淑,
淑의 꽃엔 얼마나 많은 벌과 나비가
또 어떤 벌과 나비가 찾아오는지요.
꽃은 움직일 수가 없지요.
벌과 나비는 움직일 수 있어요.
여러 나비를 아니면 하나의 벌을 원하는가요?
꽃의 生涯와 運命.
인간의 가장 아름다운 기간은 瞬間에 不過하답니다.
꽃을 피우기 위한 기다림
꽃이 지면 열매를 기다려야 하며

열매가 떨어지면 한 생명은 사라지겠지요.
화려한 꽃일수록 쉬이 지고
서리가 내리는 늦가을에 피는 꽃들이
오래오래 향기를 발산합니다.
들국화가 그렇고 코스모스가 그렇고
화려한 복사꽃, 배꽃, 벚꽃이 피는가 싶더니 모두 지고
이제 가을을 기다리며 긴 여름을 봅니다.
화려한 봄꽃들이 저렇게 날리는 걸 보면
삶의 虛無도 바로 저기에 누워 있는 것 같습니다.

牡丹 꽃망울이 터질 듯합니다.
少女의 볼처럼 또한 가슴처럼

- 1976년 4월 24일 23시 55분

牡丹꽃

牡丹 꽃망울이 터질 듯합니다.
훈풍이 담을 넘으면
더는 못 참고 터뜨릴 거예요.

나비가 그려지지 않은 그림을 보고
女王은 香이 없다 하였다지만
꽃술에는 벌들이 파묻혀 있지요.

화려한 꽃일수록 쉬이 지고
꽃이 지면 결실을 기다리며
그렇게 한 해가 지나갑니다.

봄꽃들이 흩날리는 걸 보면
인생도 삶의 虛無도
저기에 누워 있는 것 같습니다.

라일락 향기가 흩어지는 담장 아래
少女의 가슴처럼 부푼
牡丹 꽃망울이 터질 듯합니다.

- 1976년 4월 26일
뜨락의 牡丹을 보며

祈願

너와 나 떨어져 있어도 슬퍼 말자.
이런 삶도 먼 날을 위한 期約이니
지나온 나날만큼 참아보자.
처음부터 지금까지
널 위한 意志가 헛되지 않도록
너 또한 꺾이지 말고
너 自身을 위하여 努力하여 주길
이렇게 간절히 念願한다.

- 1976년 7월 24일
蘇堤洞 집에서

비

비가 옵니다.
병들어 떨어진 노란 잎새
찢겨져 멍든 그 위로
한 줌 흙을 덮는 비가 옵니다.

비가 옵니다.
머언 먼 소식 같은 음파를 그리며
하나둘 모래알 튀기는
비가 옵니다.

비가 옵니다.
까아만 하늘 위에 불빛도 없이
영원한 소리 잃은
비가 옵니다.

- 1976년 8월 29일
蘇堤洞 집에서

九月에

기억할 수 있는 구월도 오늘만 남았다.
一平生 몇 십 개 안 되는 구월을 또 그냥 보낸다.
한 달 삼십 일 無聊한 나날
속절없이 그리는 호젓함이여.

오늘이 지나면 모든 잎새가 自信을 잃고 만다.
초록의 젊음에서
생명이 다하여 떨어지는 그 순간을 위하여
몸단장을 하는 것이리라.

가을을 내내 기다리다
丹楓을 보고 가을을 느끼는
고요한 감상의 시기는 지났건만
또 기쁨 없는 속을 태우나

감나무 잎새를 지나
목련 그늘 밑을 걸어 나온 먼 손님이
그 사람이 잠들었다고
가는 숨결을 몰고 왔지만

가슴을 식게 하는 찬 바람만 분다.

살아 움직이는 대낮에
어지러운 머리로 생각하여 본들
가슴만 답답하게 하는데
살아있을 때 같이 숨 쉬며
머언 영혼 속에 속삭여 보면
상쾌한 아침에 보랏빛 하늘만 물들이고
산, 들, 숲은 보이지 않는다.

영혼의 세계가 짧은 것 같으나
내 사는 세계가 더 짧다는 것을 느낄 때
생명의 귀중함을 알고
영원한 사랑 또한 찾을 수 있다.

진실로 사랑한다면 떠나라.

- 1976년 9월 30일
蘇堤洞 집에서

苦痛

한가을 새벽부터 비가 내리나
온몸에 사랑 담은 지난날처럼
그립고 포근한 느낌은 아니 든다.
땅과 풀과 잎새에 떨어지는 차분한 소리가
마음을 달래줄 뿐

무의미한 나날이다.
학교에선 집에서 쉬기를 고대하나
이렇게 집에 있으면
쓸쓸함에 갈피 못 잡고 종일 서성인다.
변덕스런 나이기 전에
불쌍한 인간인 것이다.

생각하는 계절이라 꿈에서도 생각하지만
잠만 설칠 뿐 깨어보면 虛無하기만 하다.
얼마 남지 않은 나날
마음의 태도를 분명히 해야 하건만
앞으로 몇 날을 이러며 살 것인가?

사랑 이전에 삶이 있다고
사랑이 자유의 전부는 아니라고

모든 것은 인연이 있는 것.
운명은 피할 수 있는 것을 피하지 않음이니
自我一切를 구박하지 말고 사랑하자.

사랑의 괴로움은 자신에게 달렸다.
자신이 아프지 않으면
아무리 괴로운 고통도
한갓 느낌일 뿐

- 1976년 10월 3일
蘇堤洞 집에서

〈1976년 6월 3일 과제도서실〉

元美?
생각해볼 만한 이름(元이야 아니면 美야)이지만
친구 녀석은 남의 딸 이름 함부로 부르지 말라는군요.
그래요?
징검다리를 조심조심 건너는 거나 단숨에 뛰는 거나
징검돌이 단단하지 못하면 빠지긴 마찬가지잖아요?
차라리 뛰다가 빠지면 웃음이라도 나오지만요.

元美,
밤도 깊었지만 이 가을도 깊었나 봅니다.
저런 별은 여름엔 없었는데 저리 서성대는 걸 보니
작년 가을에 왔던 오리가 다시 오는가 봅니다.
아유, 자꾸 웃음이 나오네요.
요기까지 쓰는데 웃음이 더 많았을 겁니다.
元美는 지금 집에 있을 텐데
종이에는 학교에 있는 元美가 걸어 다니거든요.
으흠, 마음잡고 다시.

인사가 없었군요.
학교에서 붙잡고 이름 물어보려 했는데
결국 친구들이 부르는 소리를 듣고 알게 되었습니다.
'원미'인지 '윤미'인지 망설였지만 곧 확인할 수 있었습니다.

제 이름이야 교련복이나
게시판에서 아셨겠지만 鄭國榮입니다.
딸 줄 사람 없다는 3代 獨子이고요.

元美,
그때 과제도서실에서 元美를 그렸던 것은
공부하기 싫어서 고개 들었다가
입 꼭 다물고 있는 귀여운 모습을 보고 장난삼아 그린 겁니다.
입, 눈, 코가 아주 잘 어울렸는데
특히 입 모양이 너무 예술적이고 귀여웠지요.
꼭 어린 아기를 보는 느낌이었습니다.
그 입 모양이 눈에 선합니다만 손에 담지 못했습니다.
왜 자꾸 움직여요.
별수 없이 얼굴 형태만 그리고 있는데
하필이면 뒤에서 튀어나와 얘기하는지 모르겠습니다.
아쉽지만 눈, 코, 입 없는 얼굴을 펴들고
무한한 상상을 하는 것도 좋을 것 같습니다.
없는 솜씨로 그려서 명예에 문제가 되었다면
매우 유감입니다.
그 그림 간호학과 여학생 통해서 건네달라고 부탁했는데
간호학과 학생들 전부 돌려 보면서 한참 웃었다네요.
모르고 있었는데 어떤 여학생(元美는 알 거예요)이

제 친구 옆에 있다가 기억이 떠올랐는지 넉 달이 지나서야
그 얘기 듣고는 얼마나 무안했는지 모릅니다.
그렇다고 곧이곧대로 믿진 마세요.
그 얘기 들으면서 다른 생각을 하고 있었으니까요.

美,
전 삶을 肯定도 否定도 못하고 있습니다.
그 不滿스러움 때문에 재미있어 하긴 합니다만
제가 지금 어떤 상태인지는 모르겠습니다.
사랑을 받고 싶지만
누군가를 사랑하는 것만으로 幸福해하는 정도입니다.
미팅해 보셨나요?
대학생이 되어서 미팅 한 번 하지 않았지요.
제 內的 葛藤이 原因이겠지만 확실한 이유는 모르겠습니다.
認識의 不足이겠지요.
정말 男女 사이엔 友情이 존재할 수 없는지
진실로 사랑한다면서 떠나야 하는지를 확신할 수가 없네요.

아는 형이 그러더군요.
한 사람을 상대로만 사귀지 말고
여러 사람으로부터 友情을 찾아보라고요.
이해할 수 있었지만 실천할 수는 없었습니다.

그렇게 되면 이제까지 그려 온
모든 것이 다 사라져야 하기 때문이었지요.
그러나 우연한 기회가 생겨서 도전을 해보았습니다.
첫 상대는 정선 씨였어요.
한 달 정도 지켜보다가 무엇을 느꼈는지
시간표 한 장 올려놓고 물러났습니다.
정선 씨는 영문을 모르겠지요.

그 다음은 愛淑氏였는데
안면이 있었기에 가능성을 기대했지만
제 의도를 안 것 같아 또 물러나야 했습니다.
한 달 동안 쓴 편지가 무엇이었는지 읽어주지도 않았고요.
그렇지만 충분히 이해합니다.
두 사람 다 저와 같은 생각을 가졌던 게지요.
徐海吉 교수님이 淑에게 쓴 편지를 보셨어요.
곁에서 같이 읽으며 제가 커가고 있다는 걸 느꼈습니다.
안타깝고 아련함이 진정 행복할지는 모르겠네요.

美,
정말은 더 일찍 美를 붙잡아 앉혀놓고 이야기하려 했습니다만
그럴 여유를 갖지 못했습니다.
世事에 自信 없는 게 아니라 自身에게 自信이 없었거든요.

곰곰 생각해보니
이러고 있는 것이 새로운 事態를 일으킬 것 같아
마음을 정했습니다.
그렇다고 다짜고짜 지나가는 사람 붙잡고 싶지는 않았습니다.
말을 하게 되면 다르게 전해질 수도 있거든요.

元美가 어떤 모습인지 또 어떤 立場인지 考慮는 못했습니다.
얼마 남지 않은 일 학년이지만
지금이라도 이야기하고 싶어졌습니다.
제 이야기를 여학생 한 명에게라도 말하고 싶고
女大生은 어떤 사람인지 알고도 싶고요.

美,
가끔 만나서 이야기 나누지요.
학교에서 많이 만나게 될 겁니다.
원하신다면 밤거리도 같이 걷지요 뭐.
중요한 한 가지
첫눈 오는 날은 저에게 시간 주셔야겠습니다.
첫눈 오는 날 같이 좀 걸어요.
다음에 눈이 더 많이 와서 쌓이면 밤길도 걷고요.
제일 먼저 약속했습니다.

이 편지 보시고 어디서 만날까요?
저한테 오시지요. 악수하게
이 일은 월요일에나 있겠지요?

美는 지금쯤 자고 있는 게 정상이겠네요.
잘 자요.

- 1976년 10월 17일 00시 12분

美,

날씨가 매우 차군요.

한 무리 바람과 한 아름 비로

한여름 옷을 모두 잃은 앙상한 가지들이

차가운 날씨에 모두 넋을 잃고 있습니다.

달이 밝지요?

오늘은 19번째 생일입니다.

그때도 윤 8월이 들어

올처럼 음력 9월이 11월로 밀려났다는데

매우 추웠다고 합니다.

어머니는 부엌 가득 장작을 쌓아놓고

아궁이에 활활 불 지피는 胎夢을 꾸셨고

눈보라가 날리는 날 태어났다고 합니다.

저렇게 冷情한 달처럼 언제야 깨달은 사람이 될 수 있을까요?

숱한 事緣들은 결국 스스로의 욕심을 버리지 못해

不滿으로 가득 찬 한 形象의 文字化뿐인 걸요.

별에 대한 욕심은 별한테 가지 못하는 불만으로 充滿되어

마침내 自身과 自信마저 자유로부터 束縛시키고 말았습니다.

그러나 별은 永遠한 존재

죽어 사라져도 별은 남아 있을 테니

가장 큰 소망은 저도 별이 되는 겁니다.

美,
感傷的 浪漫主義를 왜 택했는지 모르겠습니다만
모든 것이 제 人生行路에 필요한 것이라
自然이 제게 준 것이겠지요.

午後 내내 美와 같이 있었습니다.
美는 떨어져 있었지만 어떤 내가 存在해야 할지를
哲學敎授님의 講義는 어떻게 새겨야 할지를 苦心하면서
곁에 와 있는 美와 싸우느라 애먹었습니다.
제게 온 美와 이리도 싸웠는데
美에게 간 저는 또 얼마나 싸웠을까요?
결국 오후 내내 저와 싸우고 있었습니다.
美에게 가지 못한 것은 저와 싸우느라 그랬던 것이고
美가 나간 후 정신을 차리고 나갔을 땐
美는 저만치서 버스에 오르고 있었습니다.

美,
어릴 적부터 비를 좋아했지요.
이렇게 혼자 글쓰기도 즐겼습니다.
비 오는 저녁에서 새벽까지 이불을 둘러쓰고 생각하는 만치 모두와 어울려서도 즐겨 이야기합니다.
이런 생각과 이런 삶을 사는 인간도 있다는 것을 보여주고
저는 저대로 美와 같은 소녀가 있다는 認識을 해보고 싶은데
너무 짧은 기간이 주어진 것 같습니다.
사회에 대한 첫 도전인 해
너무 쉽게 빨리 지나버렸네요.
남은 시간 최선을 다할 뿐입니다.

눈은 언제쯤 올까요?

- 1976년 11월 5일 21시 50분

예비고사

결국 수업 세 시간을 빼고 말았다.
결석하는 일 없는 날 아는 녀석들
쯧쯧쯧 혀를 찬다.
너도 별수 없다는 얘기겠지.

약속대로 4시 반 전에 도착했으나
저녁 내내 애를 먹어야 했다.
왜 그리 고집불통인지
고삐를 매어선 안 되겠다고 느꼈다.

뇌리 속에서 번뜩이는 모든 이론이 그림이 된다.
이렇게 아름다운 그림 너는 왜 볼 수 없는 것이냐?
오늘보다는 내일이 내겐 더 여유가 있을 텐데
(엉터리. 내일은 뭐 별수 있을 것 같냐)
앞에 앉혀놓고 얼굴만 보았다.

옆자리 어떤 녀석도 한참을 쳐다보고 있다.
나와는 어떻게 다른 생각일까?
네가 예쁘고 귀엽다는 것밖에는 생각해낼 수가 없어.

이 말을 넌지시 건네자 나가버렸다.

그러나 또 다른 녀석이 들어와 우리를 엿듣는다.
그 녀석도 얘기보단 그녀를 보느라 정신이 없다.
형이 자리를 피해주었으나 더는 말하고 싶지 않았다.
내 성의는 결코 보답을 바라지 않으니까.

오늘에서야 그녀의 얼굴을 자세히 보았다.
큰 눈은 아니라고 생각하지만 조카 미경이처럼 무섭다.
처음 보던 때처럼 까아맣고
보지 못한 먼 산의 호수를 닮은 것은 역시 맞다.

코는 높지 않은데
내게는 보이지 않는가 보다.
자연은 확실히 인간을 사랑해서
예쁜 코를 주셨다.

기억과 틀린 것이 있다면 입술이리라.
아랫입술이 조금 나왔다고 여겼는데 그건 모르겠다.

아까부터 입술은 묘한 변화를 부리고 있는데
예쁜 입 하얀 이는 변화가 있어 귀여웠다.

어릴 적 큰 눈을 한 나만큼이나 동그란 얼굴은
머리카락에 가리었으나 역시 동그랬다.
작년이나 지금이나 옆 모습은 아름다웠고
내가 무궁한 자긍심을 가질 만했다.

언제나 혼자서만 보고 싶은데
옆자리 녀석 눈 하나 깜빡 않고 쳐다본다.
그래도 태연했다.
나 같음 어쩔 줄 몰라 했을 텐데 태연했다.

正午 그녀 앞에 섰을 때나 지금이나 가슴 떨린다.
만나면 두근거리는 마음 진정시킬 수 없다.
어린 그녀보다 더 어린 날 오늘도 발견할 수 있었다.
부끄러움 아직도 부끄러워하고 있는 것이다.

곱고 예뻐서

두 손으로 곱게 들어 올려도
곧 부서질 것만 같아서
그리고 무서워서

아양을 부리며 어둠 속으로 숨어버린다.
이러지도 저러지도 못하는 나의 약점을
저리도 잘 끄집어내는 얌체
미웠다.

밉다.
그러나 나쁜 마음은 전혀 들지 않는 미움
"앞으론 길에서 만나도 아는 체 안 할래!"
버스 타지 말라고 팔을 당기니 소리 지른다.

셋이서 술을 마셨다.
16일엔 그녀가 만 열여덟 살이 된다.
꼼짝없이 어른 대접을 해줘야 되는가 보다.
시험 잘 보았길 바라며
오늘 밤도 꿈에 나타났으면 좋겠다

- 1976년 11월 12일
恩의 豫備考査

까치

까치가 왔더이다.
앙상한 감나무 가지에 앉아
소리 높이 울더이다.
까치가 울면 좋은 소식이 있다던데
정말 기쁜 소식이 올까요?

먼 곳도 아닌 가까운 곳에서
까치가 울더이다.
기쁜 소식을 전하려는 듯
기다리는 사람이 온다는 듯
이른 아침 까치가 울더이다.

- 1976년 11월 18일

나는 나 자신에 관해서 이야기하지 않으려고 노력해요. 왜냐하면 마음을 털어버리고 나면 우리 인간은 보다 가벼하고 보다 고독하게 있게 되는 까닭에서이요. 하지만 모든 것이 지나가버린 지금 술을 좀 모르는 것이지만 이렇게 펜을 들었어요. 이러한 행동도 얼마면 끝후회할 테지만.

프레드/A상에서 제게 준 책을 읽고 책으로 "영"을 알게된 후 차츰 저는 낯선 기분이 들지 않았어요. 그것은 이상한 일이였어요. 불내성이 없고 냉정한 제가 그때 기분을 느꼈던 죽은 하[?]도 없어이까요. "영"과 마주하고 이야기도 해 봐 싶었고 "영"에 대해선 아는 것이 없었지만 몇 번의 편지를 통해 간접적으로 대해온 "영"에서 저는 많은 정감을 느꼈어요. 그걸 이해했기 때문에서야 애매 저 마음과 같은 것 같은 기분이 들어서인지는 잘 모르겠지만 그것은 제게 있어서 정말로 큰 변화를 가져왔어요. 이러한 저의 어덕에 지금까지도 무척 놀랐으니까. 너무도 주에 무관심해져 고양과[?]부 상했있지만 낭이 피어기 시작해서부터 그리고 꽃 한 이 버리고 그 뒤로도 눈은 붐들음 맞이하면서 전 많은 것을 반성[?]했고 느꼈어요. 이렇게 명하지 저가 눈을 피기 위해 그 만큼 해야 할 수만 없는 자세의 일로 끝나버렸어요.

저는 지금까지 기도를 해 본적이 없었고 누를 위해서는 더구나 없었다[?] 노미 (Nomi)를 위해서 그리고 하나님 병이 되는 "영"의 쇠임이 이루어지도록 기도드렸어요. 병이 다어 버린 쇠림 @[?]히 수양하수 있도록 말이에요.

너무나도 조신을 잃었고 世事에 어두었던 저의 눈을 뜨게 해준 榮 에가 저 기억속에서 사라지지 않을 것 같아요. 안녕히 ....

'77. 2. 28.

영원한 사랑

서러움에 눈물 흘려 밤을 지새고
쓸쓸함에 떨군 냉정함은 그리움

그리움에 눈물 흘려 싹을 틔우고
기다림에 자란 인내심은 처연함

처연함에 눈물 흘려 꽃을 피우고
아쉬움에 지친 고독함은 기다림

모든 걸 던져도 후회되지 않는다면
우주와도 바꾸지 않을 영원한 사랑

- 1977년 4월 12일
圖書館 小閱覽室에서

사월의 사랑

사람이라면 누구나 한 번은 사랑에 빠지는가 보다.
나야 사랑이 없으면
그 主體를 어디서 찾아야 할지 모르는 生活을 해왔지만
가까운 친구 하나는 이제껏 보여준 모습으로는
도저히 사랑 따윈 할 것 같지 않았는데
突然 그의 입에서 少女에 대한 사랑을
告白하고 나와 적지 않게 놀랬다.
그는 좀처럼 생각하는 異性像을 이야기하지 않았고,
그리 큰 관심을 보여준 적도 없어서
재미있는 녀석이라고 생각해왔었다.
高校 3년 그리고 新入生 1년.
4년 동안 무엇을 했는지 생각해보면
競爭者로 본다면 무서운 일이지만
한편으론 이런 일에는 後輩라는 느낌 때문인지
웃음을 자아내게 했다.
어떻게 보면 매우 理性的이고 자기 일에 열중하는 사람이지만
말수도 적고 잘 어울리는 편도 아니고
특출한 재주꾼도 아니어서 눈에 잘 띄지 않았다.

일 년 전에 그런 느낌을 얻었다고 했다.
같은 동네 또래의 少女가 가끔 마주칠 때 보내는
視線이 좀 이상했다고 한다.
무슨 意味인지 直感은 했지만, 한사코 피했다고 한다.
그러다 아주 우연히 가까이서 마주쳤을 때
붉게 물드는 少女의 볼을 보고는 이끌리고 말아
어떤 反應을 보이려고 努力했지만
영 勇氣가 나지 않고 익숙하지 못한 솜씨라
實行 도중 자꾸 멈추고 말았다고 한다.
급기야는 一生 처음이자
마지막 편지(달랑 한 장)를 써서 보냈지만
쉬운 일이 아니어서 오늘까지 그러고만 있다는 것이다.

어렵지 않게 해결할 수 있는 문제 아닌가?
이 일은 그 少女가 더 안타까운 일이며,
친구 역시 好感이 있기 때문에,
어느 한 편이라도 過感한 接近을 한다면
아주 간단한 일 아닌가?

그래서 친구에게 적극 나서 보라고 했다.
매우 그리고 아주 예쁜 사랑을 할 수 있으리라 믿기 때문이다.
나는 이 친구를 믿기 때문이고,
친구는 少女를 믿기 때문에 어려운 일이 아니라고 생각했다.

이런 재미있고 興味 넘치는 얘기가 나올 수 있었던 것은
東洋哲學을 맡고 계신 金敎授님 덕분이다.
종 치기도 전에 들어오셔서 학생들이 즐겨 보는
책에 관해 말씀하시다가 급기야
젊은 세대들의 問題點까지 짚으신다.
요즘 젊은 층에서 行動의 老衰化됨을 꼬집으시며
잃어버리고 있는 젊은이의 熱情을 되찾으라고 강조하신다.
新入生들이 제일 많이 하는 미팅이나 個個人間의 交際에서
茶房 같은 어두운 구석을 벗어나
들로 산으로 뛰어다니라는 말씀과,
어두운 골목보다는 환한 잔디 위에서
크게 포옹하라는 말씀에 모두가 歡呼를 올릴 수 있었다.

드디어 우리는 사랑을 배워야 한다는

확실한 命題 앞에 선 기분이었다.
자기 모든 것을 걸어놓고 할 수 있는
犧牲的인 사랑을 해본 사람이 얼마나 될 것이며,
사랑 속에서 진실한 삶과 美가 넘치는 幸福을 발견한 사람이
얼마나 될지, 그것이 궁금하다는 말씀을 하셔서
肅然해지기도 했지만 사랑은 어쨌건 좋은 일이라는 말씀에
또 웃지 않을 수 없었다.

좋아하는 異性 앞에 솔직한 자신을 보여라.
그러면 그 異性은 자신을 理解해줄 것이다,
라는 마지막 말씀이
戀愛의 處世論이자 方法論이 될 것 같았고,
젊은이의 熱情이라는 말씀에
친구도 마음이 움직였던 모양이다.

우리는 어느 곳에서나 서로 말 없는
對話를 나누고 있을 것이다.
눈으로 전달되는 젊은이의 熱氣를 통해 사랑을 느끼고
實踐해보라고 권해본다.

차분한 봄비에 젖어 푸른 희망처럼 솟아나는 저 새싹처럼
밝고 씩씩하게, 참되고 행복하게
아름다운 사랑을 간직해봅시다.
뜨거운 情熱로 그 무엇이라도 녹일 듯한
覇氣로 우리 사랑합시다.
사랑받는 일은 좋은 일이며,
사랑을 주는 것은 더욱 좋은 일이기 때문입니다.
사랑은 어려운 일이지만
우리는 그 어려움을 극복하게 될 겁니다.

사월은 사랑의 계절.
우리 모두 사랑합시다.

- 1977년 4월 18일 22시 36분

四月의 밤

사월의 밤에 내리는 빗속을 가노라면
그리움이 같이 걷는다.
가녀린 빗방울이 부드러워
그리움은 더욱 가까이 기댄다.
빗방울에 별빛이 같이 내리는지
싸한 라일락 향기가 스치며
꿈속에 기대던 모습이 떠오른다.

어디선가 들리는 도시의 벌레 소리는
담을 넘는 라디오 소리처럼 똑같은 소리
불을 끄고 창을 열고
어딘가에 있을 별을 기다려본다.
그러나 헛된 일
바람마저 잠이 들고 빗방울이 굵어지면
떠오르는 건 맑은 햇살뿐……

- 1977년 4월 23일
蘇堤洞 집에서

五月의 香氣

예배당 언덕 위에 서 있는 연두색 그늘 사이로
하얀 송이가 가득하고
맑은 햇살에 씻기운 오월 하늘이 푸르다.

가녀린 미풍에 실려 오는 아카시아 향기로운 오월도
어느덧 언덕에 서서
멀리서 찾아오는 여름을 바라본다.

내내 비가 섞여 지나더니
지난주는 너무 더워 여름이 왔나 했는데
어제 내린 비로 다시 봄이다.

화사한 아침이다.
새벽 골목길에 가득하던 아카시아 꽃내음
이 향기가 퍼져야 일 년이 지났음을 느낀다.

오월의 향기 속에서 찾았던 최초의 존재
나를 확인할 수 있었던 그 계절이
벌써 다섯 번이나 지난 것이다.

아카시아 향기 속엔 기다림이 있고
마음 졸이는 설레임이 있고
그리움, 포근함 그리고 아련함이 있다.

모든 사랑이 바람에 날려가듯
아카시아 향기 속에 숨은 꿈도
이렇게 날려가나 보다.

그러나 잊지 않겠지?
오월이면 찾아오는 저 향기처럼
그 사람도 이 오월에 찾아주는 걸

하이얀 빛을 잃고 날리는 꽃잎을 보며
내 한 해도 떨구어 버리지만
또 찾아오리 내 오월은 늘 찾아오리.

예배당 언덕 넘어 바람을 타고
골목을 가득 채우는
오월의 향기를 싣고서

- 1977년 5월 15일
蘇堤洞 집에서

〈1977년 6월 蘇堤洞 집〉

錯覺

어둠이 밀려오는 屋上에 누워
藍色이 짙어가는 虛空을 보노라면
無限大의 초점에 視線이 편해진다.

눈 뜨면 보이는 뻔한 天井
일어서면 보이는 책꽂이 책들
都市의 建物은 물론
煤煙에 가려진 寶文山도
눈을 피로하게 한다.

이런 苦痛에서
저 無限大의 宇宙를 보노라면
스스로가 宇宙에 빠져 있는 錯覺
스산한 감상에 젖어 있을 때가 아닌데
마음은 담벼락 너머 屋上을 쏘다닌다.

- 1977년 6월 4일
魯貞이네 屋上에서

77. 7. 25

여행에서 돌아온 피곤한 눈에 띈 우편엽서
정말 반갑고 고마운 엽서였읍니다.
국영형과 함께 가족모두 안녕하시지요?
저의 집안은 무고합니다.
우리들은 젊은 만남동안 서로 만족할 만큼은 (서로 반진지)
못했지만 그나름데로 서로를 알수 있게해준 좋은 모임 이었던것
같읍니다. 한 동무 가족이면서 서로를 몰라 아쉬워하기에
안됐으나 지금 나는 못든 문을로 만날수 있음을 기뻐합니다.
그동안 국영형은 방학을 어떻게 보내고 계신지요?
저는 잠간 동안이지만 동해안도 다녀 왔읍니다
우리들은 정말 아름다운 국토를 가졌읍니다.
여자 4명만의 여행이였지만 즐겁고 알찼었던것 같읍니다.
특히 소강모 임주정도 많이는 가지못했으나 다시 가겠다고
마음의 동요를 불러 일으키도 아름다운 곳이였읍니다.
국영형도 기회가 있다면 서슴치마시고 길을 뜨는것도
좋을 듯 합니다. 저희 13친들중 우선 재경 학생들 부터
한번 모임을 가져 볼까 합니다. 그리고 전체 13원이
모임을 지방에서 가져 보았으면 하는데 좋은 의진이
계시면 건의해 주셨으면 합니다. 이번 모임은 77. 7.
31. PM 2:00 아메리카 (저번에 after 한 다방)
에서 갖으라 하니 시간이 나시면 한번 서울에
올라오시고 알찬 방학 보내시고 좋은소식 종종 주시기 바랍니다.

선애

아카시아 동산을 지나 작은 골목을 돌아 나오는 산들바람에
창문턱에 걸친 감나무 잎새가 한들한들
문득 서녘 하늘 전깃줄에 걸친 붉은 별이 바람에 아른거려
반짝반짝 淑의 까만 눈망울 속에 숨은 꿈처럼 곱습니다.

저렇게 많은 아름다움이 이 가슴에도 있었으면 합니다.
뜰 안 풀섶 가득 베짱이, 귀뚜라미 우는 소리 요란하고,
잎새 스치는 바람 새로 어디선가 들려오는
가는 弦의 울림이 아련합니다.
종종 이런 그리움이 솟아날 때면
저 바람 속에 누군가 오는 것만 같습니다.
예쁜 그림을 그리고 계신다면
저 아름다운 별들과 고운 소리를
그리고 평화로운 미소를 같이 보실 수 있을 겁니다.

淑의 미소가 이 먼 곳까지 찾아준다면
창문을 활짝 열어놓겠어요.
꿈도 꾸지요.
淑이 찾아와 저 담 너머로 보고 갈 수 있게요.
내일은 찾아가렵니다.
붓을 든 채 곱게 잠드는 淑을 보고 오겠습니다.
너무 어두우면 곤란하니 창문을 조금만 열어놓으면 됩니다.

저 맑은 별빛으로 귀여운 얼굴을 그리고 고운 마음씨를
밤새껏 보고 떠오르는 햇살을 따라 기쁘게 돌아오겠어요.

그리움은 어느 곳이라도 언제건 찾아갈 수 있겠죠?

- 1977년 9월 15일 23시 20분

집에서 『가을 하루』

엷은 보라색 좁은 길로
밝은 손님이 찾아와
동쪽 산봉우리 맞닿은 하늘이
소녀의 볼처럼 물들어 오면
동네에서 잠자던 새벽 안개가
서서히 산을 오른다.

파아래서
아침 공기마저 질려버린 하늘에
점점 흰구름 떠가고
가을이 이렇게 찾아왔는지
푸른 잎에 따사로운 빛이 닿아
노랗게 물들어가듯
우리의 마음도
가득한 기쁨으로 익어가겠지.

들엔 가득한 풍요가 깃들고
산에도 푸르름으로 가득한 모습
이 가을 아침이

이렇게 즐거움은……

- 1977년 9월 16일 7시 30분

龍田洞에서 『가을 하루』

登校 길에 가까운 郊外에 들렸어요.
맑은 하늘이 너무도 좋아
어찌할 바를 모르겠네요.

다 허물어진 교회가 서 있는 언덕으로 가는 길엔
지난주 내내 내린 비로 만발한 코스모스가 가득하고
하얀 길과 조화를 이루어 햇살 속에 묻힌 그 속에
또 누가 서 있나 봅니다.

밤새 불어대던 바람이 스치면
가냘픈 몸매가 한들한들
빨강, 하양, 분홍의 얼굴이 활짝 웃고 있습니다.
물결치는 논 사이로 참새들은 무엇이 그리 좋은지
더 깔깔거리는군요.

산턱은 아직 해가 들지 않아
검푸른 그늘을 길게 드리우고
산 너머 간혹 떠오는 구름만 하나, 둘……
먼 저곳으로 이 아침을 달려가고 싶습니다.

맑은 햇살이 맑은 햇살이……

- 1977년 9월 16일 10시 40분

講義室에서 『가을 하루』

강의실에서도 하늘만 쳐다봅니다.
창문을 열어젖히곤
하나둘 떠오는 구름을 헤아립니다.

바람이 강해져
햇살이 가려진 모퉁이는 오싹
삐죽한 美柳나무 벌레 먹은 잎새는
바람이 지나치면 뼈만 술렁

寶文山 용머리에 숨은 꾀꼬리가 놀던 지난여름이
정말 꿈인 것 같습니다.

寶雲의 언덕엔 바람만 불고 구름은 오질 않는데
호수를 끼게 될 동쪽 먼 산맥이
구름을 잔뜩 모으고 있습니다.
오늘 구름의 모임은 대청댐에서 있으려나 봅니다.

- 1977년 9월 16일 10시 50분

想念 『가을 하루』

무심히 날아가는 비둘기 따라
바람이 머무는 산골로 가고 파라
봄날 할미꽃 찾아갔던 남쪽 산에
노랑새가 있을 것 같아

조용한 강이 흐르고
멋대로인 바위가 보이는 언덕은
우리 모두가 가고 싶은 곳.

한여름의 무성함이 머물고
그리움이 겨울을 기다리며
귀여운 산짐승이 낙엽 밟는
산비둘기 사는 곳.

淑,
이 가을 언제고 무등산에 올라 북녘을 보세요.
따사로운 별을 따라 높이 높이 날아오르는
꿈이 있을 겁니다.

- 1977년 9월 16일 11시 5분

農大 논에서 『가을 하루』

따사로움과 맑음
서늘함이 함께하는 농장에 들어서면
한낮 열기로 피어오른 나락 내음이 구성지고
모퉁이 논둑에 앉아
한 알 한 알 낱알을 세어보며
뿌듯한 풍요로움을 滿喫해본다.

백이십여 개나 되는 겸손함 속에
그 모든 노력이 숨어 있고
우리의 기대를 한껏 머금은 채 이렇게 익어가는데
어디서 왔는지 빨간 꼬마잠자리 한 마리
넘실대는 물결 위를 헤엄쳐 간다.

굽이친 계룡산 줄기에 또 하나의 하루가 걸려
몇 줌 남은 햇살을 멀리멀리 뿌리면
산속 오누이 탑(男妹塔) 주위엔 벌써
긴 그림자가 드리워져 있겠지.

- 1977년 9월 16일 16시 56분

册床에 앉아 『가을 하루』

紺靑의 짙은 하늘이
동쪽으로부터 물들어 올 때
어슴프레한 서쪽 하늘엔 실 같은 달이 걸리고
기쁨으로 시작한 하루 종일 즐거워
그저 좋은 것만 찾았지요.

누구를 만나도 반갑고
무엇을 해도 기뻐 절로 웃음이 나오고
몇몇이 모여 이야기 나누고는
떨어지는 해를 보며 돌아올 수 있었습니다.

보문산 남녘 하늘이 쪽빛
더 이상 아름답게 표현할 말이 없는 쪽빛이어서
산 위로 팔매질하면
파아란 물이 쏟아져 내릴 것 같은 충만함.
소녀의 가슴처럼 터질 듯하던 사월의 꽃망울도
그만은 못한 것 같습니다.

석양의 노을 속에 한들거리던 가냘픔을 마지막으로

이렇게 혼자 책상에 앉았습니다.

- 1977년 9월 16일 22시 46분

잠자리에 들며 『가을 하루』

밤이 깊어갑니다.

창틈으로 스며드는 서늘함에

깔아놓은 이불 속이 자꾸 그리워집니다.

모든 것이 즐겁던 하루

이 밤도 그리고 내일도 내내

이런 기쁨이 넘쳤으면 좋겠습니다.

무사함을 감사하며

오늘 일을 끝마치렵니다.

노트를 들고 다니며 이렇게 이야기한다는 것.

정말 즐거웠습니다.

포근히 주무세요.

- 1977년 9월 16일 23시 00분
朝鮮大護友會 姜鉉淑氏에게 보낸 편지 중에서

국영씨 안녕하세요

만사를 제쳐놓고 서울에 도착해보니
3日줄 결석중 정원앞이 텅 비었더군요
꼭 참석하시라 말했는데 섭섭하신가 보니
생사 여부를 제가 보고해도 될까요?
기애언니와 선애 승천씨 방상진씨와 문동식씨
오늘 만났답니다
낸가 이야기하는 동안 즐거운 시간 보내두 왔었
답니다
앞으로 시간 내어 참석해 보렵니다.
10月은 국전관람차 올라가려합니다만
시간이 맞출지 않은것 같군요.
토요일은 전공이 있기때문에 총각 시간내기도
힘들것 같군요.
눈이 펑펑 쏟아지는 아름다운 날에 이윤이
친구하면 섞다 이야기했었더니
눈이 그렇게 큰눈은 없다더군요 (축축)
이웃 희원과 함께 30日 이윤을 초대하여
2泊 3日안 계룡산 무주구천동을 여행하려
계획중입니다.
부산을 여행하려했었으나
몰아치는 눈보라 대서문 사나운 차가운

DAE WON

또한 감상하지 않을까요.
축제가 28, 29, 30일 이기때문에 어느정도
해소하여 가지 의문이군요.
여하튼 이차 추석 연휴이니, 경우에 서울에
내려갔다 와야 하겠군요.
새삼히 부모님에 가는 축제의 기분이네요.
혜나가 국영씨 축제 가는데 가능한가요!
참 아쉬운 했네요.
저 축제 열리 국영씨께 역시 다음으로
젠듭니다.
생나여부, 확실하랍니다.
학부 잘받았는데 읽어봄이 없군요.
학부 사진받고 중학생화는 남이 끼었더군요.
친가 소개하러 어디든지
또한 가능 여부 물러보네요.
지난번이 이곳 선배님 한분이 제게
이런 이야기 했었어요.
현숙이 참 우울해 보인다고
사는게 재미가 없다 했더니.
사랑을 하세요.
어떤 남자라도 마음에 든다면
소개 시키겠다나요.

그래
조대 총학생회장의 이야기 했더니
왈 = "안돼 그사람은 애인이 있어"
= "그럼 빼앗아 오지"
하는 말에 모두 웃어 말았답니다.

국연씨
좋은 계절인것 같습니다.
이상한 캠퍼스 안엔 어느듯 학기가 넘쳐
흐르 술렁이는 축제, 카니발, 동문회등은
옆엔 커다란 포스타의 안쪽달늑한
우녀의 아름다움이 것보다 같습니다.
"대학생활 4년이 인생살이 20년에
맞 바꾸두 없다" 는 선배님 말씀이
언제나 떠나가지 않습니다.
않음이 생각하려 애생이 움직이로
산듯합니다.
아름다운 계절에 그만큼 값치있는 작품이
나가 아껴이므로 - - - -
다시 펜들고
안녕
        77. 9. 19
          강 현 숙

산턱에 머문 구름을 헤치고 복스런 모습이 떠올랐습니다.
한가위 풍요로움과 은덕에 감사하는 마음으로
온종일 흥청대던 기쁨도 저 달을 보며
조용히 잠들어 가나 봅니다.
오늘 즐겁게 지내셨나요?
바다가 보이는 완도의 풍경이 보고 싶어집니다.
갈매기를 보며 淑은 무엇을 생각했을까요?

茶禮를 지내고 할아버지 산소가 있는
경산 姑母 댁에 와 있습니다.
그래서 경상도의 달을 보고 있지요.
담 너머 들과 산은 달빛으로만 가득합니다.
적막 속에 들려오는 귀뚜라미 소리도
도시의 소리와는 다른 것 같네요.

부드러운 달빛이 가득 쏟아집니다.
달은 어느덧 中天에 올라 작은 등불이 된 듯하나
온 세상이 달빛을 받아 아름답습니다.
이렇게 정신이 번쩍 드는 밤이라면
달빛이 이렇게 곱고
이 밤이 결코 깨어나지 않는다면
淑, 우리 함께 걸어요.

저 앞산처럼 묵묵히 걷지요.
달빛에 희미한 저 꽃들보다
淑이 더 곱고 아름다울 겁니다.
비가 오지 않는 밤도 이렇게 좋을 줄 몰랐어요.
어서 걷지요.
이런 밤을 다시는 만날 수 없을 것 같으니까요.

- 1977년 9월 27일 23시 59분
慶山에서

車窓 밖 풍경이 무척 정겹습니다.
엷은 안개가 드리워 아직도 희뿌연 산그늘 골짜기부터
누렇게 물든 사이로 소달구지가 지나는 저 정경 속에
그야말로 무슨 일이 있겠습니까?
저런 한적함과 평화로움이 이 가슴에도 스며드나 봅니다.
철길과 함께 달리는 국도엔 삼색의 코스모스가 한창이고
보고 싶어 달려온 길, 조급함에서인지 시간도 잘 갔답니다.
작은 만남 후 돌아가는 길이 무엇이 그리 아쉬운지요.
지금 같아선 만나지 않았음이 더 나았나 봅니다.
이렇게나 하고픈 말이 남았는데 그냥 돌아오다니요.
자주 가까이하고 싶지만, 우리의 현실이 그렇지가 않아서
다 풀어버리지 못하니 더 답답하기만 합니다.
언젠가는 긴 이야기를 나눌 수 있겠지요.
저 아름다움 속에 늘 살았으면 합니다.
벌써 신탄진이군요.
금강철교를 지나면 낯익은 땅
새로운 각오로 출발하겠습니다.
즐거운 旅行하고 건강히 돌아가세요.
좋은 그림도 많이 그리고요.
한 폭 가지러 가겠습니다.
곧 다시 만나겠지요?

- 1977년 10월 1일 23시 59분
新灘津驛에서

淑,

사랑을 하시나요?

모든 사랑 중에서 異性間의 사랑처럼

아름다운 것은 없는 것 같아요.

다른 사랑은 善과 眞 그리고 德으로 代身한다지만

이 사랑만은 美로 表現할 수 있으니까요.

아름다운 사랑.

生涯를 통해서 가장 커다란 事件이 될 것입니다.

죽는 그 瞬間까지 幸福해할 수 있는

곱고 예쁜 사랑을 간직하시길 권합니다.

사랑은 우선 좋은 일이니까요.

지난겨울 우연히도 한 소녀로부터

프로포즈를 받았지만 받아들이지 못했습니다.

오직 한 가지 이유. 사랑이 무엇인지 몰라서였습니다.

이제껏 간직해 온 關念이랄까요.

오직 하나만의 사랑을 원하던 저로서는

마음은 그렇지 않으면서도

친구인지 戀人인지 擇一을 못했던 거지요.

사랑의 말을 건네왔을 때 그에 응하지 못하고

긴 겨울이 지나서야 解明을 했답니다.

고운 마음씨의 사람이라 예쁜 인사말을 해왔더군요.

언제나 記憶하고 있겠다는 말.

淑, 왜 그런 바보 같은 생각을 했을까요?
또래의 소녀를 사랑할 수 없다는 아주 우습고도 어리석음.
어떤 感傷에 빠져 있었던 것 같습니다.
現實에 너무 執着한 나머지
理想의 世界에 잠겨버리지 않았나 합니다.
이제야 깨달았지요. 사랑엔 장벽이 있을 수 없다고요.
그 모두를 사랑하렵니다.
최선을 다하여 할 수 있는 모든 정성을 다하려고 합니다.
運命을 하늘의 것으로 하고 싶지는 않지만
어떤 因緣이야 벌써 정해져 있을 테니까요.
앞으로 일어나는 모든 사건은
저의 인연이나 운명으로 생각하겠습니다.

淑에게도 사랑을 권합니다.
가슴 뿌듯하며 벅찬 기쁨이 넘치는 달빛을 받아
하얗게 빛나는 꽃길을 걸을 수 있는
영원한 사랑을 淑에게도 권합니다.

淑,
사랑한다는 것은 좋은 일이랍니다.

- 1977년 10월 3시 00시 30분
산들바람 부는 창가에서

答狀

우물 속 달과 푸르름은 볼 수 있었지만
사나이만은 볼 수 없군요.

별빛을 가득 담고 내리는 비가
별빛을 가득 담아 내리는 비가
멀리서 오는 이야기를 속삭입니다.

조금 더 기다린다면
우물 속 사나이가 누구인지
알 수 있을까요?

어려운 자리였습니다.
당신의 마음으로 이야기하며
조금은 이해할 수 있었나 봅니다.

편견인지 모르겠지만
부끄럽게 생각합니다.
당신을 기쁘게 보낼 수 없었네요.

편히 가세요.

어두운 길 여행도 멋질 겁니다.

곧 다시 뵙지요.

- 1977년 11월 8일 21시 6분
淸州女師大教授音樂會場(호수돈여고 강당)

風景

빗속을 떠나 南으로 向하는 길
정겨운 포근함이 온몸에 스미는데
窓가에 그리는 검은 線 하나
끊일 줄 모르고 따라 나섬이여.

높았다 낮았다
굽이치는 곱고 고운 우리 山이
멀어졌다간 어느새 따라와
가도 가도 끝없는 모습.

한낮에 본 소나무의 韻致를 감추고
하나둘 나타나는 등불
마음의 平和와 江山의 아름다움
祖國의 幸福함을 이렇게 느끼게 함은……

- 1977년 11월 20일 21시 1분
조치원을 지나며 한진고속에서

안녕 하십니까?

즐거운   성탄절과
희망 찬   새해가
주님의   은총아래
이루어 지길   바랍니다.

신애 드림

완도행은 '78. 1. 13日 서울 출발로
정해졌습니다.

13日 - 광주 도착 지방학생와 만남
         5시 광주고속 터미날 2층 다방
         광주 1박.

14日 - 오전 완도로출발
              1박.

15日 - 광주도착 - 부산 출발
         부산에서 1박.

16日 - 해산 (서울, 각지방으로
                  출발)

회비 8000 (차비(5000), 침식(1000)
              식사(2000) +α)
         단 부산에서 각 지방행 예비금 불포함.

신분증. 각자 필수품 준비
참가 여부 빨리, 속히 편지 바람.

〈1977년 12월〉

善榮,
저 눈을 보고 있나요?
이 밤을 아름답게 할 고운 모습이 소복이 내려 쌓입니다.
잔잔한 미소가 흐르지만 마음은 한껏 차분해집니다.
모든 것이 이렇게 고요하고 적막하다면 얼마나 쓸쓸할까요?
하지만 지금 이 시간만은 이대로가 좋아요.
밤새 쌓인 눈을 우리는 걸어갈 수 있을 테니까요.
아무도 가지 않은 자작나무 숲으로
우리만의 길을 걸어가요.
새벽의 찬 달이 기울며 날이 밝으면
우리가 남긴 발자국을 보며
모든 사람들 정겨워 잊지 않을 거예요.
오늘 저녁은 내내 善榮을 다시 그려보려 했지만
머리카락과 눈망울 그리고 입술만 그릴 수 있었습니다.
확실한 한 모습만 그릴 수 있다면
멋진 그림이 될 것입니다.

善榮,
그리움처럼 눈이 내립니다.
온 세상이 밝아져 깨어났을 때
우리 함께 걸어온 길을 돌아보며 소리쳐 보도록 해요.
영원히 우리의 목소리만 들려올 테니까요.

- 1978년 1월 10일 00시 15분

얼굴

그리움처럼 눈이 내립니다.
이 밤을 아름답게 할 모습이
소복이 내려 쌓입니다.
저 눈을 보고 있나요.

생각하는 마음은 차분합니다.
이렇게 고요하고 적막하다면
얼마나 쓸쓸할까요.
그래도 이대로가 좋네요.

검은 눈망울과 오똑한 코
오물거리는 동그란 입술
알 수 없는 표정의 얼굴
밤새 당신을 그려봅니다.

- 1978년 1월 10일 00시 15분

한참이나 졸았더니 정신이 없군요.
어제 이맘때 善榮도 이런 상태였나 보죠?
전화 받는 목소리가 이상해서 깜짝 놀랐으니까요.
보고서야 잤다는 것을 알고 웃을 수 있었습니다.
한참은 이야기하고 올 거라고 생각했는데,
시간이 허락하질 않는군요.
지금 어떻게 하고 계신지 보고 싶군요.

善榮,
남쪽 지방이라 대나무가 많답니다.
푸른 모습으로 울창한 것이 복스럽기까지 합니다.
잔뜩 찌푸렸는데 비라도 오지 않을까요?
여행을 하고 싶다고 어렸을 때부터 생각했지만
그렇게 많이 또 이렇게 혼자서
친구들과 다닌 적은 드물었습니다.
작년 여름 강화도에 간 것이 계기가 되어
그동안 못했던 여행까지 다 하는가 봅니다.
여행은 참 좋다고 합니다.
아인슈타인 박사의 상대성 이론에서도
움직이는 물체는 그 크기가 작아지며
상대적으로 시간이 늦게 간다는 거예요.
이것은 과학적으로 증명이 되거든요.

지구상에서는 매우 작은 수치로 나타나기 때문에

잘 느끼지 못해서 그럴 뿐이죠.

천문학적인 숫자가 되겠지만

이렇게 여행하면 조금은 늦게 늙는다나 봐요.

상대적으로 얘기하면 젊어지는 거구요.

멋진 곳을 닦아 이렇게 길을 만들어 그 위를 달립니다.

지난번 볼 때보다 밭은 더 푸르릅니다.

보리가 한창 자라거든요.

이렇게 떨리는 자리에 앉아 글을 쓰느니

눈 감고 생각해야겠습니다.

어제 본 善榮의 모습을 잊지 않기 위해

지워지지 않는 기억 속에 저장해 놓겠습니다.

- 1978년 1월 13일 14시 44분
湖南高速道路 泰仁 附近에서

莞島,
저 멀리 희미한 안개에 가려 水平線은 없지만
바다와 섬들이 이루어 놓은 모습은 하나의 藝術입니다.
검푸른 바다 위에 잔물결을 일으키며
퍼져나가는 파랑을 따라
太平洋으로 나가 보고픔이 스칩니다.

유난히 바람이 세군요.
춥지만 않다면 바다만 보면서 하루를 보냈으면 좋겠습니다.
섬 둘레는 모두 바위로 되어 있네요.
멋진 곳이 있다는데 그곳은 내일 갈까 합니다.
친구들이 멀리 갔군요.

- 1978년 1월 15일 12시 59분
莞島에서 南海를 보며

발밑 바닷물이 조용한 떨림 속에 흐르고 있습니다.
앞 바위엔 쉴 새 없이 들락거리며 밀려와 부서지는 파도.
멀리서 일렁거리는 바다가
일직선의 수평선을 삼킨 듯 묘한 춤을 춥니다.
감상에 젖어보려 해도 바다만은 허용하질 않네요.
넓은 包容力에 도저히 감상에만 젖어 있을 수 없을 뿐더러
보고만 있어도 한껏 마음이 트여 상쾌해집니다.
머리를 식히러 겨울 바다에 온 것 정말 잘했나 봅니다.
이곳은 갯돌밭이라 불리는 곳인데요.
동글동글한 자갈만으로 해안을 이루고 있습니다.

- 1978년 1월 16일 16시 20분
莞島 갯돌밭

뽀오얀 먼지를 일으키며 달린 완도로 가던 길을 벗어나
매끈하게 포장된 國道를 달리고 있습니다.
피로가 밀려와 내내 졸았지만, 이때 잠이 깨는군요.
멀리 희미하게 보이는 완도로 가던 길에 선 산봉우리를 보며
이 겨울 속에 잊히지 않을
또 하나의 追憶을 남길 수 있었습니다.
새로운 마음 새로운 삶을 가져보고자 완도 길을 택했답니다.
물론 우리 淑을 보고 싶어서였습니다만……
좋으신 분들 좋은 곳에서 함께 지내며 얻은 情이나 고마움을
어떻게 표현할지 모를 정도랍니다.
기다림 끝에 얻은 단 하루의 再會였지만
무엇보다도 좋았습니다.
이렇게 아쉬움을 남긴 채 떠나 오지만
그 뽀오얀 완도로 가던 길을
순간 같은 그 지냄을 永遠히 간직할 겁니다.
정말 고마워요.

- 1978년 1월 17일 15시 35분
莞島를 떠나며

불꽃

삭막함
차라리 쓸쓸하다고나 할
안타까운 그리움을 무엇으로 代身할지 몰라
먼 하늘을 본다.
혼자서는 解決할 수 없을 것 같은
싸늘히 메말라 가는 感情의 最後事緣일지는……

어느 감출 수 없는 情熱이
붉은 기둥이 되어 솟아오른다.
靜寂을 갈라놓는 사이렌 소리
한 瞬間의 熱情을 참지 못하여
붉은 情熱로 猛烈히 타올라선
둥근 달무리 속으로 시름없이 사라져 간다.

그 熱烈한 熱氣 속으로
永遠을 한 瞬間으로 불살라버리듯
차라리 이 순간을
永遠으로 통하는 저 속의 한 줌 재가 될 것을……

사랑한다는 것은
사랑한다는 것은?

- 1978년 1월 28일 00시 31분
市內의 불기둥을 보며

어느 女人의 매정한 눈길같이 차가운 虛空으로
한 줄기 바람이 스치고
작은 뜨락의 꽃 가지에도
골목 街路燈 밑에도
하얗게 하얗게 눈이 내렸습니다.
희미한 구름 저편에 가물가물 별이 졸고 눈을 바라보는 마음,
불빛 없이도 이 글을 쓸 수 있다면 더욱 정겨울 텐데……
이런 밤 자작나무 숲을 찾아 걸었으면 합니다.
그믐이 가까워지면 달은 더욱 늦게 뜰 테니까요.
잠시 본연의 마음을 잃었는지
모든 것이 무의미하고 단조로웠던 시간들만 챙겼을 뿐
결코 그럴 수 없다는 것.
새로운 삶 새로운 생활
진흙 속에 박혀 있는 구슬처럼 흙투성이.
물에 씻겨져 고운 손에 들려지기 前까지는……

善榮,
고운 밤입니다.
밤새 길을 걸어도 싫증 나지 않을 고운 밤입니다.
무언가에 끌려 이렇게 펜을 든 것을 보니
분명 누가 또 부르는가 봅니다.
어떤 생활을 하고 계신지요?

청주에 가보고 싶어 하루에도 몇 번씩 생각을 해봅니다만
마음을 고쳐먹고 좋은 날을 기다리고 있습니다.
無氣力해졌는지도 모르지만,
마음 상태가 편해진 건지 아닌지 모르겠습니다.
마음 졸이고 답답해야 할 텐데 느긋한가 봅니다.
지난번 편지에 너무 힘을 썼는지
이렇게 편지 쓰는 것조차 虛脫합니다.
할 말은 더 있지만,
그것만으로도 정신을 다 빼앗기고 자신을 잃어버린 것 같아
무엇을 믿고 어떤 일에 기대를 걸어야 할지
그것도 막연하고요.

삶이 아무리 苦痛스러울지라도
한 가닥 실오라기 같은 希望이 있다면
현실을 살아가는 데는 훌륭한 慰安이 됩니다.
서로를 모르는 希望이 먼 곳에서 살지만
멀리 있다는 魅力과 그 희망에 가까이 가보려는
꿈 같은 노력이 한층 행복할지도 모르겠습니다.
조금도 변함없이 낮과 밤이 찾아오고

그 순간순간 살아있음을 證明이나 하듯 생각한다는 것.
그렇지만 아무리 불러도 대답은 빈 하늘에 가득할 뿐.

善榮,
國榮이가 빨리 달려가 解明하지 않으면 큰일 나겠군요.
주문해 놓은 음반 구하면 녹음해서 달려갈게요.
善榮이 이런 음악 좋아하실지 모르겠네요.
조금 있으면 2월
곧 봄이 오겠군요.

- 1978년 1월 31일 23시 59분

살아있다는 것

삶이 아무리 苦痛스러울지라도
한 가닥 실낱같은 희망이 있다면
현실을 살아가는 훌륭한 慰安

모르는 희망이 멀리서 살고
멀리 있다는 魅力으로 가까이 가려는
꿈 같은 노력이 한층 행복하지는 않을지

조금도 변함없이 낮과 밤이 찾아오고
瞬間瞬間 살아있음을 證明이나 하듯
오늘도 우리는 생각을 한다.

- 1978년 1월 31일 23시 59분

봄기운

봄기운이 다가온 것인지
매정하게 빛나던 별들도
싸늘한 밤기운도 한층 기울었다.

어느 마음에 기대고 싶었던 영혼은
한겨울 눈 속에 파묻혀 숨어보려 했지만
동백꽃 유혹에 바다를 내려다본다.

멀리 사라져 가는 배를 보며
다시는 만날 수 없을 것 같은
결코 영원할 수 없음을 깨닫는다.

세상살이가 기대처럼 되어주길 고대하나
한 조각 꿈과 같은 것이어서
사라져 간 그 사람만큼이나 야속하다.

어느 마음에 기대고 싶었던 겨울은
하얗게 지새운 밤처럼 빛을 잃어가지만
끝없을 순간에 다시 만날 것을 바라는 마음에서

그만 돌아가려 한다.

- 1978년 2월 19일

談判

어떤 運命이 닥쳐도 自信 있지만

後悔는 없어야 한다고 생각한다.

이제까지의 모든 것들을

어느 瞬間에 後悔하게 될지 아닐지

앞으로의 選擇에 달려 있겠지.

네가 너무 좋아서

널 정말로 좋아한 적이 없구나.

내 靈魂과 내 모두를 다해

宇宙와도 바꾸지 않겠다는 覺悟로

참고 기다렸다.

나의 모든 것을 주고 싶었고

내게 없는 것을 받고 싶었다.

잊어보려고도 했지만 이렇게 남았다.

처음 생각한 대로 父母님께 인사드리고

가장 가까운 곳에서 만날 수 있는

그런 사이가 될 수 있다고 생각한다.

다는 아니지만,

떨리는 마음으로 지금의 心情 전했다.

어떤 말을 해도 좋으니 해라.

- 1978년 3월 31일 20시 26분

우리

너는 사랑을 모른다고 하였다.
나는 사랑을 하겠다고 하였다.

먼 아련함 너머에서
포근한 기운 되어 피어오른 작은 꿈이
햇살처럼 부서져 날리는 午後
흐르는 戀歌에 맞추어 우린 웃었다.

너는 떠나는 마음에서
나는 보내는 마음에서

보랏빛 아쉬움이 골목으로 밀리는 저녁
너의 안타까움은 諦念으로 변하고
나의 슬픔은 어둠 속에 잠기어 간다.

사랑이 그렇게도 두려운 것이라면
우리 끝없이 헤어져 가자.
빛을 잃지 않는 永遠한 저 하늘
아름다운 두 별이 되어서 살자.

너는 사랑을 모른다고 하였으나
나는 널 사랑한다고 하였다.

- 1978년 4월 22일
中央圖書館에서

NO. 1
78. 5. 16.

* 못에게.

꽃은 Hermann Hesse가 될 녁이 충분한 것 같아요.
아니면 제가 너무 흥분적이 무딘 것 것 같구요. 섬세하고 서정적인 분위이
연약한 느낌마저 들게 하면서도 도저히 제가 악착히 몸대는 분위를 보냅니다.
부산의 중환 R의 흔적이 너무 여전하고 신경차라고 한다면 중경 U의 흔적은
지금의 섬세하고 여성적입니다. 한경의 차이겠지요.
한때선 같호.

한 점 주름없는 맑은 느낌의 햇살이 막는 일에서 떨어져 그 빛이 부서져 반사되는
강직함에 눈은 둘 수가 없을 정도입니다. 점점의 라미극작가는 저의 주목 받는 가족
이라고 있었다. 햇살 갈간 오후 오랜만에 학교로음을 느끼며 음악은 들었다다
이 주간 그렇게 기어했던 이유가 바로 이 안전감을 닫기 위해서 였던 것 같아요.
지난 해 그렇게 바빴던 일들이 이제는 모두 3학년에게 안예하고 개인적인
일들이 마무리 많이 남아 있었다. 내주 레벤상임이 시작되므로 이번 주보 그
대비를 위해 생각을 조긴는 여유를 갖고자 합니다.
못의 노동이 요즘은 부럽대요.

아침 마다 일찍 기신다죠? 사람의 약속은 대부분이 인정된 물이라고 해서 급지
되어 있죠. 그런 정신적인 타오함 여유에 있었어가 용어 그래도 좋은 상태가
아니었죠어. 의사 말로는 정신적인 stress나 강박관념이 갖졌다고 한다 쉽게는
말히 피곤하다고 말입니다. 저도 모르게 느껴나는 체중이 좀 자금도 문제점입니다.
이상한 일이에요. 점단간에 체운이 눈에요.

meeting은 후시라고 가서 몇시라고 오는건 액명한 시간을 항상 지켜줘 주근요.
20일 생생 다음에 돌려줄 partner는 기다려 大字學業의 사원들과 meeting은 했어요.
역시...
정말 마음에 드는 좋은 적은 만나이다 것은 어느 힘든는 일임니다. 그렇수록
자기에 너무 여전직있던 자신에 대하여 반성을 것은 합니다. 그러나 좋은 사람이
나타나겠죠.

XX 께.

몸조심히 하시고 후회없는 생활을 하도록 노력하세요.
지금까지 제 나름대로 후회없는 생활을 하려고 노력해 왔어요. 그래서 가끔은 욕심이
많은 탓인지 만족하면서도 아쉬움은 끼곤 합니다.

영어회화는 무엇보다 말하는 연습을 많이 하는 것이 중요합니다.
AFKN 청취 나 영자 신문 구독은 영어 실력은 향상시키지만 우리가 어서게 직접적인
도움은 적죠. 요즘 회화책전에서는 「English for Today」는 많이 소면에
책보다는 여서 말하는 연습이 중요해요.

정말 꽃을 만나본지도 오래됐군요.
회사에 일로 무척 바쁘겠군요. 그런 모든 짐을 벗어 두어 너무 후가분해요.
한 번 쯤 만날 여유 있어요.

안개읁지 서울 더서면 연락주세요.
재료 시은 형이 찰도 없겠지요?
우리네 행복은 느끼고 같음 낮으면 행복 우에서 가치가 있는 것이니까요.
꽃이 작은 씨앗가가 얼굴된 것은 느낄 수 있어요.
그 아름다 성숙한 수 있을때 좋은 만큼 가치가 있는 것입니다.
시간이 흐른 수록 많은 모든 해오는 거예요.
곁, 모든에 영글어 질 수 있는 꽃이 되길 노력하세요.
예써 자신을 감추 말아가 때가요.

이렇게 빛과 처럼처럼 나설 수 있게 해 주신 오빠께 항상 감사드립니다.
항상 건강하길 염려하며··
— 언제나 順惠 —

기다림

제가 보고 싶으시면
파도가 밀리는 바닷가 언덕으로 오세요.
끊임없이 밀려와 부딪치며
하얀 물보라로 부서지는 물거품 속에
산새 소리 그리워한 제가 있을 거예요.

제가 보고 싶으시면
바람 부는 들 언덕 밤으로 나오세요.
까아만 휘장 반짝이는 아련함 속에
한 줄기 流星이 스쳐 갈 때면
기인 기다림에 별이 된 제가 있을 거예요.

제가 보고 싶으시면
인적 끊인 골짜기 깊은 숲으로 오세요.
무덤가 노오란 잔디 곱고
작은 꽃 바람에 속삭이는 그 곁에
먼바다 물소리 듣는 제가 있을 거예요.

그래도 보고 싶으시면

가는 바람에 실려 이 동산으로 날아와요.

물안개 피어나는 호숫가에 앉아

끝없는 숲을 바라보며

언제나 당신을 기다리는 제가 있을 거예요.

- 1978년 6월 2일

作別

모든 것들을 둘둘 말아 접어놓아야 하는 순간이
어렵게 어렵게 그렇지만 너무도 쉽게
時刻 속에 잠기어 온다.
(우리가 이제껏 살아온 것처럼)

落葉의 의미가 무엇인지 알지도 못하면서
낙엽 밟는 모습이 무척이나 예뻤던 그날 이래
아카시아꽃은 일곱 번이나 피었는데
밖은 저리도 아름다운데
우리는 왜 이렇게 되지 않으면 안 되는 것일까?

그래, 모든 걸 내 못난 탓으로 돌리자.
以後론 그렇지 않으면 되는 것이니까.
넌 다시는 만나지 않으면 될 것이고
난 다시 만나면 될 것이고……

무척이나 지난 이야기를 싫어했지.
지난날이 있었기에 오늘이 있지 않을까?
우리가 있었던 날들은 다시 돌아올 수 없겠지만

가장 便安하고 자유로웠던 날이 될 거라고 믿어.

무언가 알지도 모르지도 못했던 그날들이
아쉽기만 하다.
긴 시간이 아닌데 우리는 너무 변해 있구나.
그렇지만, 앞으로도 변해가겠지.

지난 4월에 만났을 때
마지막 결론까지 도달했으면서도
서로 말하지 못했을까?
나도 바보 같지만 너도 어지간하더군.

그렇게 겁나는 것이었을까?
그렇지만 지금은 조금 잘했다고 생각해.
어쩌면 후회할 일이 생길 수도 있으니까.

처음 건넨 편지에서 잘 모르면서도 사랑한다고 하였다.
아직 어리다고 하면서도
누가 알면 곤란하니 아무한테도 말하지 말라는

당부의 답장을 받았을 때의 기쁨을 넌 모르겠지.

몹시 아파 힘든 나날을 보내고 있을 때
친구들 주선으로 너를 다시 만나
밤길을 걸으며 이 말을 들었지.
"男女 사이에 友情이란 存在할 수가 없어"
어떤 대꾸도 할 수 없었다.
무슨 마음이었는지 헤어지며 넌 이 말도 남겼다.
"친구로서는 누구든지 대해줄 수 있어"

돌아와 두 말을 생각하며 얼마나 분했는지 모른다.
나의 마지막 自尊心을 버리지 못하게 하는 거였지.
밤하늘은 변함없었는데 모든 것은 그렇게 끝이 났지.

삶이란 아무리 생각해도 어쩔 수 없는가 보구나.
어느 한순간에 모든 것을 알게 되려나 봐.
지금은 그저 답답하기만 하다.

자, 우리 이제 마지막 정리를 하기로 하자.

너와 나 이렇게 헤어져 가지만
언젠가는 분명 다시 만날 거라고 믿는다.
언제까지고 널 기다릴 수 있지만 네가 원하지 않을 줄 안다.

너와 나 이미 오래전 헤어졌음에도 불구하고
놓치고 싶지 않은 마음에 구차하게 끌어온 것을
무척 미안하게 생각한다.
네가 정말 좋은 여자인지는 모르겠다.
내 마음을 준 여자는 너밖에 없으니까.

무척 변했다고 생각한다.
죽이고 싶도록 얄밉기도 하단다.
넌 잊으라고 했지? 그래, 잊을 거야.
그렇지만 언제까지고 사랑할 거다.
이미 2년 전에 별이 된 귀엽고 예쁘던 그 소녀를……

한 가지 소원이 있다면 너의 모습을 간직하고 싶은데
어떻게 해야 좋을지 모르겠구나.
너에 대한 모든 기록을 함께 전하고 싶지만 이렇게만 보낸다.

마지막 바램이니 싫어하지는 말아줘.
어느 바닷가 호젓한 곳에서 한껏 한없이 울고 싶구나.
이게 사랑인 거야?

그래, 너와 나 우리 이렇게 헤어져 가자.
무언가에 이끌려 이렇게 멀어져 가지만
먼 훗날 宇宙 저 끝에서 다시 만나
이루지 못한 너와 나의 사랑 모두가 부러워하도록 하자.
동쪽 하늘 작고 기운 없는 별이 떠오르거든
어느 못난 녀석의 넋인 줄 알고 동정의 말이나 전해주렴.

널 만나 幸福했다.

- 1978년 6월 11일

비가 왔지만 아침 일찍 학교에 가서 최면술 강의 듣고
돌아와 우표 사고 다시 학교로 갔다.
서서히 내리는 비.
며칠 전까지 旱魃로 모내기는 물론 食水難으로 법석이더니
남쪽에선 물난리인가 보다.
저녁에 해가 났다.
일찍 돌아와 있는데 일곱 시 반 즈음해서 전화가 왔다.
예기치 못했던 사람 恩이었다.
兄 주소를 묻는다.
알려주었는데 끊지 않는다.
내가 끊었다.
무슨 말을 하려 기다렸나 보다.
만나자고 할 걸 하며 기다렸더니 8시 5분에 벨이 울렸다.
여덟 시 반에 만나자 하고 택시로 달려 나갔으나 늦었다.
시종 웃었다.
부담 없이 이야기했다.
이 얘기 저 얘기하다 할 말 있냐고 물었더니 없단다.
시험기간이라 해가며 한참이나 나를 빤히 바라본다.
처음엔 같이 볼 수 없었으나 나중엔 내가 보고 있었다.
무슨 얘기를 할 듯 말 듯 망설이는 듯했지만
아홉 시 반에 일어났다.
바래다주기로 하고 걸었다.

도청 앞에서 승종이한테만 들켰을 뿐……

한참이나 우물거리며 딴 얘기만 한다.

자신의 뜻을 상대가 엉뚱하게 해석한다는

내가 했던 말을 하며 걷는다.

부사동 언덕에 외가가 있었다.

집 앞 계단서 돌아서며 악수하자며 손을 내밀었더니

주저하다가 (한 번도 남자와 악수한 적 없다며)

왼손을 내민다.

심장이라고 하며.

손등에 입 맞추고는 "다음에 언제 만나겠지" 하고 내려왔다.

내려오며 돌아보니 따라오고 있었다.

"집이 틀린가?" 하는데 부른다.

전화할 때 하려던 말 생각난다며 23일 시간 있냐고 한다.

물을 보러 가자고 한다.

바다에 가자고 하는 거냐고 물었더니 그렇단다.

"부산? 완도?" 했더니 완도에 가잔다.

한참이나 망설이며 겨우겨우 말을 꺼내는 것이었다.

자기의 뜻을 오해 말라며……

23일 아침 여섯 시 반에 그레이하운드 앞에서 만나기로 했다.

급히 가면 하루에 다녀올 수 있다고 했더니 서두를 것 없단다.

그렇게 하고 왔다.

묘한 인상이었다.

어떻게 해석을 해야 하나.
거기에 가서 결혼하자고 할까?
보름인지 둥그런 달이 무척이나 밝다.

- 1978년 6월 20일 화요일 비

더퍼리에 다녀와서 학교 가는 길에 전화했더니
내일 완도 가지 못한다고 한다.
시험이 내일로 연기되었다며 토요일에 가잔다.
나도 시험 보는 것 때문에 곤란하다고 했더니 "아, 참!" 한다.
4시에 만나기로 했다.
건축설계 종강을 하고 연구실에 들렀다가
정확한 시각에 앉았다.
한 7분 늦게 들어오며 많이 기다렸냐며 묻는다.
나는 미리 와서 땀이 식었지만 무척 더웠나 보다.
선풍기를 틀어주었다.
여자들 바지 입은 거 별로 예쁘지 않다고 했었는데
오늘은 원피스 차림으로 점잖게 하고 나왔다.
이 얘기 저 얘기 하는데 시간 참 잘 간다.
음악 얘기 많이 했고 친구 얘기도 많이 했다.
요 며칠 좋은 사람 찾으려고 헤맸는데 못 찾겠다고 했더니
충고 한마디 한다며
"사람은 찾아 다닌다고 되는 게 아니라
30% 가능성만 있으면 데려다가 만드는 거야" 한다.
깨끗하게 당했다는 생각이 들었다.
나오며 크림 먹으러 가자고 했더니 따라 나선다.
맥심서 빵과 음료수 시켰더니 음료수만 조금 마신다.
나도 먹지 않고 있으니 종업원이 "싸줄까요?" 한다.

구두 닦는 꼬마가 나한테 자꾸 실랑이를 하자
"야, 임마!" 하고 소리 지른다.
일어나 내보냈다.
음악 얘기를 한참 하기에 테잎을 주기로 했다.
토요일 10시에 진잠저수지에 가기로 하고 7시 가까워 보냈다.
대도에 가서 송창식 앨범 골랐다.
멋진 음악 녹음해주고 싶다.
오늘 하루 또다른 가능성을 보였지만,
그래도 마음은 흥분상태다.
완도는 7월 10일에 가기로 했다.
예매했던 표 취소하러 같이 갔었다.
데이트 한 번 오래 한 것 같다.
54kg이라고 한다.
나보다 무겁다. 후~~
고3 때 간염 앓고 나서 회복을 못하고 있다.

- 1978년 6월 22일 목요일 맑음

정확하게 오전 10시.

오영호의 세계타이틀 도전전이 시작될 때 전화벨이 울렸다.

어머니가 받으시고 한참 후 부르셔서 받아보니

귀에 익은 그러면서도 가슴 떨리게 하는 목소리가 들렸다.

어머니가 너무 편찮으셔서 꼼짝 못하신다고 한다.

곁에 아버지가 계셔서 제대로 말을 할 수도 없었고

가까운 학교 후배인 양 말을 놓아야 했다.

완도에 가지 못하는 것이 서운했지만

그의 태도에 안심할 수 있었다.

23일에 실습 가게 되어 연락할 수 없으니 연락하라고 하자

"내가요?" 하더니 "할게요" 한다.

그러나 어떤 방법으로 하는지

하고 싶은 말도 못하고 그냥 끊어야 했으니

종일 안타까웠다.

한편으로는 지금 내가 무엇을 하고 있는지

제대로 돌아보지도 못하고 그의 태도에 눌려 지내고 있으니

그에게서 분명한 얘기도 못 듣고

그저 느낌으로만 이렇게 있으니……

이젠 날 좋아할 수 있다는 건지……

- 1978년 7월 9일 일요일 흐림

종일 구름만 오락가락한다.

세상일이 마음처럼 되지 않는 것을 무엇이라고 해야 하나?

모든 것을 생각해보고

결정을 내릴 때 어느 것이 최선인지 그것도 알 수 없고

세상은 참 불공평한 것인지

아님 내가 아직 바보 같은 것인지……

요사이 그의 일로 다시 조마조마 마음 놓일 때가 없다.

도대체 어떻게 된다는 건지 알 수가 있어야지.

우선 만나서 알고라도

아님 물어보기라도 했으면 좋겠다.

어서 모든 것이 이제는 끝이 났으면 좋겠다.

오랜 방황이 아직도 필요하다는 걸까?

그가 기다리라고 하면 몰라도……

- 1978년 7월 13일 목요일 갬

斷想

검붉게 타오르는 장미 잎새에
곱디고운 물방울이 구릅니다.
하늘에서 떨어지는 빗방울이 구슬 되어
포근한 선율 되어 포근한 사랑이 되어
청순히 피어오르는 잎새를 한들한들

작은 구슬이 큰 구슬 되어
잎새를 구르기까지 기다리는 적막감
내 소녀를 기다리던 몇 해처럼
오랜 시간이 흐른 것 같습니다.

한 곳에 오래 머물 수 없는 우리 인간처럼
꽃잎에 앉았던 구슬도
잎새를 구르던 구슬도
저렇게 어디론가 떠나버립니다.

사랑하는 것도
기다리는 것도
이렇게 산다는 것도 언젠가는 떠나야 할 것인데

이렇게 앉아 창밖을 보며
무엇을 생각하는지요?

이름 모를 작은 새는 빗속에서도 저리 울고
이 비가 그치지 않는 한 저 물방울도
잎새를 구르다 떨어지곤 하는 것을
끊임없이 반복하겠지요?
내가 그를 사랑하는 것처럼‥‥‥

- 1978년 7월 18일 9시 51분

可能性

우리 世代는 앞선 世代로부터
그들의 일을 떠맡을 責任을 느껴야 하며
또 다른 世代를 맞이할 準備를 하여야 하는
한 世代의 어엿한 主人公이 되어가고 있는 것.

時間의 變數 속에 어쩔 수 없는 函數로
새로운 問題를 解決하여야 하는 어려움과
그 主體로서의 義務를 完遂하기 위하여
어떠한 苦痛도 이겨내어야만 하는
不幸한 듯하지만
創造를 위한 犧牲者가 되어야 한다는 것.

飽滿에 익숙하고 길들여진 世代이지만
變態를 위해선
窮乏도 받아들여야 하는
그런 雅量은 必要하지 않을까?

우리 손에는 아무것도 쥐어진 것이 없지만
무한한 可能性

우리 앞 世代보다 더 많은 것을 가질 수 있는 可能性
우리는 그런 希望 속에서 살고 있지는 않을까?

얼음을 깨기 위해선 봄이 必要하지.
겨울이면 봄을 기다리고
시간은 더디 가겠지만
그러나 必然的인 것.
매섭게 덮였던 얼음도 저렇게 滔滔히 흐른다.

젊은 靈魂이 彷徨하던 季節은 갔다.
오랜 苦痛과 彷徨이 平穩으로 바뀌고
不幸을 幸福으로 참아야 했던 苦難도 이젠 끝난 것이겠지?
기다리지 말자.
저승보다는 이승이 더 現實的이니까.

- 1978년 7월 22일

지금이 새벽 2시나가 넘은 제영 같은데 같은데 잠자리로 들고 싶은 생각이 들지 않음은 왜 인지?

밤이 되면 모든것이 침잠해 버린것 같아 싶지만 조용한 분위기는 어떨수 없기에 한턴으로 젖어 들어 보는것은 이유때문일까?

문득 별 생각이 들어 창문을 열어보니 공해에 젖지 않은 맑은 공기속에 총총히 있는 많은 것들이 내 두눈으로 몰려들어 오는것 같아 한껏 담아 보지만 그 모든걸 수렴해 버릴수 없는 나를 순간 깨닫고는 웃어 버렸읍니다.

항상 상상 속의 모든건 실물을 대할때 실망의 순간이 있기마련이기 때문인지도 모르겠읍니다.

무더위가 계속되는 날씨속에서 많은것 태우는것도 지나는 시간의 흐름과 함께 모량으로 남으리라 생각 되는군요.

눈이 부시도록 강력한 불꽃
사랑에서 튀어오르는 휘황 현란한 그 불꽃속으로 모든것 불태워 버렸음 하는 생각이 드는군요.

무언가 이상한 아니 웃음을 잃은속에서 요음은 지내는 것 같아 내 주위가 어수선 한걸 자꾸 느끼게 있도 하죠.

錯雜 . 混線 .
감잡을수 없는 마음속의 葛藤

彼岸의 領地나 城壘의 주인공은 결코 아닐텐데‥

※
내가 몸이 있는 곳이 너무도 초라한 섬인것 같추;
편지 오자마자 엄마손으로 ·· 뉴지?
섭섭지 못한 엄마, 아빠 눈치를 뒤로 하고 방으로 들어와 앉았더니.
일이 적히있지 않아 다행이었지만 이 편지 쓰는 지금 순간도 괜찮을까?
하는 불안은 가시질 않는것 같습니다.
파생적인 생각은 이젠 하지 않으리라 연의까 쓰고는 있지만.
나쁜일을 설사 하더라도 당황한 필요는 없는 것 같은데..
당황이란 행동에 자신이 없는 사람들이나 하는 일, 정음의 무의미한 신타라고
들은것 같군요.
이젠 기운도 다 지쳐 버리는가 봅니다.
어디가 처연한 곳이 있었던 같기에 약간은 쓸쓸하기도 하구.
정점이 흘려져 버리려한 가는 시간속에 나 자신의 Irony 가 부끄러운것
같군요.
모순이란것 까지는 없지만 이 모순속에서 나 자신이 얼마나 견뎌낼지는
나도 의문이예요.
건강 조심하세요
1978. 7. 28.

까만 밖에서 산들바람을 타고 흐르는 멋쩍은 풀벌레 소리가
이토록 어울리지 않는 것은
몇몇 同人들의 東洋畵 鑑賞戰이 벌어진 때문.
환한 형광등 불빛이 이처럼 어수선한 것도
이런 때 해오던 버릇과는 너무도 달라
조금이라도 더 생각하고픈 마음을 흔들고 마는군요.
하늘과 별을 지붕 삼아 살던 太古가
이 같은 순간에 찾아왔음 좋겠어요.
불 없이도 글을 쓸 수만 있다면……

恩, 편지 잘 받았어요.
답장을 하고도 남았을 시간이지만 그럴 수 없다는 안타까움.
더구나 친구들 등살에 빠져들다 보면
불이 꺼지고 잠을 자야 하는 그렇게 2주일이 지났어요.
요 며칠은 旋盤과 씨름을 했는데 온통 기름투성이에
쇠를 깎을 때 튀는 chip에
손, 목, 얼굴엔 데인 자국과 상처만 남았어요.
뜨겁고 따겁고 찔리지만 쇠를 잘라내는 게 무척 재밌네요.
앞으로 며칠 쇠토막 들고 加熱爐 들락거리며
뻘건 쇳덩어리와 툭탁거리고 나면
집에 오는 날까지 냉방 장치된 방에서 精密測定을 한답니다.
1/10,000mm도 측정할 수 있거든요.

분명한 것은 産業의 役軍 技能工들이
얼마나 고생하고 있는지 알 수 있었어요.
모든 기계는 안전사고로 인한 인명피해를
항상 수반하고 있거든요.

恩, 두 시까지 왜 안 자나요?
난 이젠 그렇게 늦게 자는 습관을 버렸답니다.
일찍 일어나서 다른 걸 하지요.
조금 있으면 開講.
등록하랴 수강신청하랴 꽤나 분주할 거에요.
올 피서는 땀 흘리는 것으로 지냈고
가을엔 우리의 아름다움을 찾아 떠나 보고 싶네요.
새벽은 제법 서늘하던데 그곳 공기는 더욱 맑을 테죠?
편히 자요.
꿈에 찾아오면 더욱 좋구요.

- 1978년 8월 4일 23시 15분
金烏工高에서

시원스럽게 비가 오네요.

온 창문을 열어 젖히고

천둥과 번개, 빗줄기 그리고 빗소리를 바라보며

멀리 있는 당신 恩이라는 여자를 생각해봅니다.

줄기차게 퍼붓는 빗줄기 속에서

한들거리는 하얀 박꽃처럼 가냘프면서도

굳게 닫힌 철문을 열게 하여

그 가슴에 끝없는 강물을 흘려 넣는 당신은 저 소나기.

철없이 좋아만 하던 순간을 지나

하루는 미워하고 하루는 사랑하던 節氣도 지나고

이제는 끝없이 사랑하자고 다짐해봅니다.

어렵게 어렵게 말하던 그 순간

이 세상 모든 사랑이 내게로 오고

세상 모든 행복이 날아온 듯한 기쁨.

How do I love thee?

풀숲 속에 숨어 우는 풀벌레 소리 발길로 차며

스산한 가을 한적한 들길을 걷는 당신과 나

무엇이 부끄러울 수 있을지.

황량한 달이 솟는 눈 덮인 산길을 거닐며

아무도 밟지 않은 그 위에

둘만의 발자국을 남겨놓고 싶은데……

그대의 기쁨은 나의 기쁨이요

그대의 슬픔은 내 슬픔입니다.
그대의 사랑은 나의 사랑이며
그대의 행복은 나의 행복이지요.
그대의 삶 또한 나의 삶이니
당신의 죽음은 곧 나의 죽음인 것을
한 차례 긋고 지나는 소나기가 아니라
영원한 계절을 가꾸는 비가 되어
당신 가슴에 나의 가슴에
꽃을 피웁시다.

- 1978년 8월 13일 21시 41분

그대와 나

그대의 기쁨은 나의 기쁨
그대의 슬픔은 나의 슬픔

그대의 행복은 나의 행복
그대의 불행은 나의 불행

그대의 사랑은 나의 사랑
그대의 죽음은 나의 죽음

풀벌레 소리 발끝으로 차며
벌판을 가로지르는 그대와 나
무엇이 부끄러울 수 있는가.

- 1978년 8월 13일

달 없는 밤의 박꽃처럼 멋쩍은 것도 없네요.
희미한 달빛에 희다 못해 창백하기까지 한
박꽃을 바라볼 때 느끼는 슬픔은
누구를 비유해야 좋을지 모르겠습니다.
하필이면 별이 뜨는 저녁에 피어 해 뜨는 아침에 지는지요?
퇴색한 짚더미에 올라앉아
파릇한 달빛 너머
싸리문 돌담을 넘어서는 밤바람에 한들거리며
찬 이슬에 젖는 박꽃을 보던 아련한 기억이 가물거립니다.
베어버린 감나무를 타고 올라 꽃을 피운 조롱박을 보며
어릴 적 외가에서 놀던 두메산골 풍경이 선하게
가슴 깊이 파고드는 밤입니다.
처절함을 뿌릴 듯 하늘은 무겁게 눌려 있고
뜨락 화단과 시멘트 벽 속에 숨은 풀벌레,
귀뚜라미가 더욱 무심한 듯합니다.
그렇게 그렇게만 계절은 흘러가는지요?
무엇인가 무척이나 섭섭하고 안타까운 계절이
또 속절없이 흘러가려나 봅니다.
어떤 의미에선 반년이란 세월도 덤으로 휩쓸려
아주 무의미하게 되어버리는 어리석음을
또 하나 남겨야 하는지 모르겠네요.

善, 염려해주신 덕에 무사히 실습 끝내고 돌아와
본연의 자세 저를 꾸미는 스스로에게 돌아와 앉았습니다.
몹시 부담스럽고 어려울 듯한 생활이
벌써부터 陣을 치고 기다리고 있어서
조금은 답답하기도 합니다.
한 가지 일도 벅찬데 서너 가지 모두가 어려운 일인 것 같아
무엇부터 시작하여야 좋을지 모르겠군요.
무엇인가로 자꾸 빠져들기만 하는 것 같아요.

善은 또 여행을 하셨다죠?
제게는 아직 未知인 동해안 지방을 가셨다니 부럽네요.
이번 학기부터 캠퍼스가 옮겨졌습니다.
유성 새 캠퍼스에 선착으로 이전하여 수업을 시작하는데
너무 삭막하네요.
주변 계룡산과 들이 멋지지만 사람이 없거든요.
통학시간이 두세 배 늘어났고
환경이 바뀌었기에 새로운 돌파구를 찾아볼까 합니다.
서울은 시기를 놓친 것 같군요.
가까운 기일 내로 시간을 만들어 올라가서
만날 수 있도록 하겠습니다.
마지막 학기이니 섭섭하지 않도록
정말 뜻있게 보내셔야겠네요.
그럼.

- 1978년 8월 16일 21시 28분

靈魂

窓門으로 서늘함이 밀리는 저녁
널 위해 열어둔 창문이지만
無心한 바람만이 찾아든다.

화창한 한낮 微風이라도 불면
환한 얼굴로 소리쳐 부를 것 같아
지나는 발자국 소리에도 마음 졸인다.

발걸음이 멈춘 저녁 街路燈이 켜지면
행여 날 기다리지는 않는지
창을 열어 골목을 살핀다.

한없이 울고 싶은데
그럴 수 없는 나의 웃음은
슬픔을 참는 苦痛의 새로운 모습인가?

어떤 말로도 說明할 수 없는
세상 어떤 表現도 마땅치 않은
너는 永遠한 나의 靈魂.

- 1978년 9월 20일

교련시간 때문에 집에서 다시 학교에 가기 위해
7번 버스를 탔는데 두 분 할아버지의 再會가 무척이나 정겨웠다.

停留場에서 버스를 타기 위해 같이 기다렸음에도
눈이 어두워 알아보지 못하다가
안경 낀 한 분이 먼저 알아보시고 손을 치며 반긴다.
古稀가 넘어 팔십 가까우신 분들 같은데
오랜 친구를 반기며 환하게 웃으신다.
거기에다 같은 동네에 사시는 걸 알고는
쓸쓸한 웃음을 지으셨다.

친구들 安否를 묻는다.
그러나 "응, 벌써 죽었어" 고개를 끄덕인다.
人生의 黃昏을 이미 다 접어버린 삶의 諦念.
그러나 결코 後悔 없는 듯한 할아버지는 作別人事를 하고
지팡이 소리 크게 울리며 都市의 길을 걸어가셨다.

- 1978년 9월 29일 금요일 맑음

정말이지 너와 나는 우스운 아이들 같다.

철이 들려면 아직도 머언.

하나는 외딸, 또 하나는 외아들.

나름의 삶이 있어서 팽팽히 맞서는 (줄다리기에 비유할까?)

아직은 젊은 탓이겠지.

꿈도 있고 희망도 있고 미래도 있는

그래서 모든 것에 자신을 잃기 싫은……

운명이란 피할 수 없는 것이 아니라

진실로 피할 수 있는 것을 피하지 않는 것이라는

소극적이고 자기도취에 빠진 듯한 감상적 낭만주의가 나라면

방황이란 젊음의 무의미한 소모라고 하며

적극적이고 자신과 행동으로 가득한 현실,

현실로만의 행동주의가 너라고 해야 하나?

現實

理想

정말 나는 이상에만 치우쳐 살고 있는 것일까?

너에게서 조금만 눈을 돌리면 세상만물이 눈에 들어온다.

고운 것, 미운 것, 예쁜 것, 추한 것, 아름다운 것.

자연이 내게도 다른 이와 같은 능력을 주었다면

나도 다른 사람과 같은 행동을 할 수 있겠지.

사람의 본능은 같다고 믿지만,

한결같이 다른 삶을 누리는 것은 환경 때문이라고 생각한다.

보는 것이 있다면 느끼는 것도 있겠지.
이별 자체를 생각하면 괴롭고 슬픈 일이라 하겠지만
현실적으로는 여러 측면
시원할 수도, 괴로울 수도, 추할 수도 있지만
아름다울 수도 있겠지.
아름다운 이별.
현실에서 어떤 것이 아름다운 이별일까?
한때 이별이란 말 하지도 할 수도 없는 딜레마 속에서
방황했던 적이 있었다.
그 방황의 해결책.
이별을 선언하고 과감히 새로운 세계로 뛰어드는 것.
가장 현실적이라고 주장하겠지?
이상을 다시 생각해보고
그 사랑을 더욱 다지는 것이 더 현실적이지 않을까?
남녀 사이의 우정이 네가 말하는 그런 것이어야 하는지
남녀의 사랑이 우리가 생각하는 그런 것이기만 한 건지
진정 말해본 적이 있었던가?
결혼이 지금 당장 우리에게 필요한 것일까?
내가 너에게 말한 결혼은 언젠가는 올 현실에 대한 이상이지
지나간 시간의 감상적 현실은 아니라는 것.
젊음이 간직할 수 있는 꿈과 희망이지
구세대가 갖는 현실에서의 삶은 아니라는 것.

이제는 해버렸지만 내 언제 너에게 그 얘기를 했었던가.
일주일이면 새로운 세포로 모두
대체되어 버리는 육체가 필요했다면
지금쯤 나는 누구 말대로
눈부신 아가씨와 연애라도 하고 있겠지.
아니 그보다 언젠가 말했던 대로
네 운명을 한두 번은 내 손으로 결정했겠지.
인간의 육체는 언제 어디서라도 빼앗아올 수 있지만
정신은 육체처럼 빼앗아올 수 없다는 것.
영혼이 없는 육체가 죽어 있듯
마음과 영혼이 없는 모습을 위해
그토록 많은 시간을 허비한다는 것.
현실적이지 못한 거지?
너와의 이별을 위해 준비했던 어느 詩는
내 젊은 날의 사랑에 대한 이상으로 접어두고
기왕 내친 걸음 이루도록 노력하겠다.
어떻게 해도 안 될 일 일찌감치 포기하는 게 더 현실적인가?

그건 그렇고 부탁한 모델이 되어달라는 것하고
그날 밤 비치백 돌려달라고 했는데 왜 아직도 안 주노.
골동품 넣어서 걸어두는 거니까
내 방 지저분하게 하지 않으려면 대책 세워라.

그날 저녁 꼭 묶은 머리 모양
중국 계집애 같은 모습이라 참 예뻤는데
집에 돌아와 네 생각할 땐 왜 그리 밉던지……
이번 생일은 일요일이라 좋아했는데 시험공부하게 생겼다.
네 생일에 초대하지 않으련? (웃겼나?)

- 1978년 10월 9일 21시 44분

새벽 빗소리에 눈을 떴다.
여름날 소나기 같은 바람을 데리고 쏟아진다.
꽤나 쌀쌀할 것 같았다.
일어나기 싫었지만, 그 애 생각에 일어났다.
아침을 먹는 둥 마는 둥 우산을 챙겨 나섰다.

7시 반인데 보이지 않는다.
버스 몇 대가 더 지나고 나서야
분홍색 바지 차림의 그가 보였다.
길 건너 나를 찾는 듯한데 난 반대편에 있었다.
우산을 받쳐 들고 한참을 이야기했다.

醫大 쪽으로 가서 버스 타자고 말하며 서 있는데
"만호"가 다가와선 쳐다본다.
敎職員 車로 얼른 쫓아 보냈다.
더 기다려 5번 버스로 나와 驛으로 해서
벤츠고속 옆으로 갔다.
그가 앞장서서 가주었다.
버스를 기다리며 가져간 사과 두 알을 건넸다.
오늘은 버스에 타서는 날 쳐다본다.
가방도 받아줄 줄 알고……

수업은 한 시간만 하고 나와 은행에서 팔천 원을 찾았다.
그 애가 가방을 갖고 나오지 않아서
저녁에 만나기로 했기 때문이다.
집에 들르니 앞집 노정이네 兄 결혼식 음식 준비가 한창이다.

우산을 놓고 나섰다.
교련을 마치고 나니 신발이 젖었고 추웠다.
研究所에 들러 시내로 나왔지만
約束時刻 6시 40분까지 여유가 있어서
마침 열리고 있는 文化院 그림 전시회를 둘러보았다.

正時에 왔다.
가끔 오는 茶房이라 낯이 익다.
비치백부터 내민다.
커피 마시며 이야기하다 편질 보였더니 꺼내서는 찢어버린다.
그 와중에 손목을 잡았지만 밀렸다.
그가 일찍 가자고 했지만 저녁 먹고 가자고 했다.

비가 열심히 내렸다.
나한테 우산 어쨌냐고 묻는다.
살며시 손을 잡으며 우산을 받았다.
그사이에 편지를 어두운 下水路 속으로 넣어버린다.

저녁 먹자니까 빵이나 조금 먹잔다.
그러라고 하며 길을 건넜다.
빵 먹기 싫다니까 마음대로 하란다.
둘이 쓴 우산 되도록이면 멀리 떨어지려는 듯했지만
팔꿈치에 여러 번 가슴이 닿았다.

결국은 만둣집에 들어섰는데 난 오른쪽 어깨,
그는 왼쪽 어깨가 젖어 있었다.
만두하고 호떡 하나씩을 더 시켜 먹는다.
만두 먹다가 黃水淵 선생님을 만났으니 또 우습게 되었다.
춥다고 하길래 택시 타고 가자고 했더니 "그래, 좋아" 한다.
한참 만에야 택시가 왔다.
내가 먼저 탔다.
귤을 주니 받아서 가방에 넣는다.
꼬옥 껴안고 싶었다.
우산을 갖고 오려 했으나 기어코 들고 간다.
다음 주 축제란다.
놀러 가자고 했더니 대답이 없다.
다시 만나 달래봐야겠다.

- 1978년 10월 27일 금요일 비

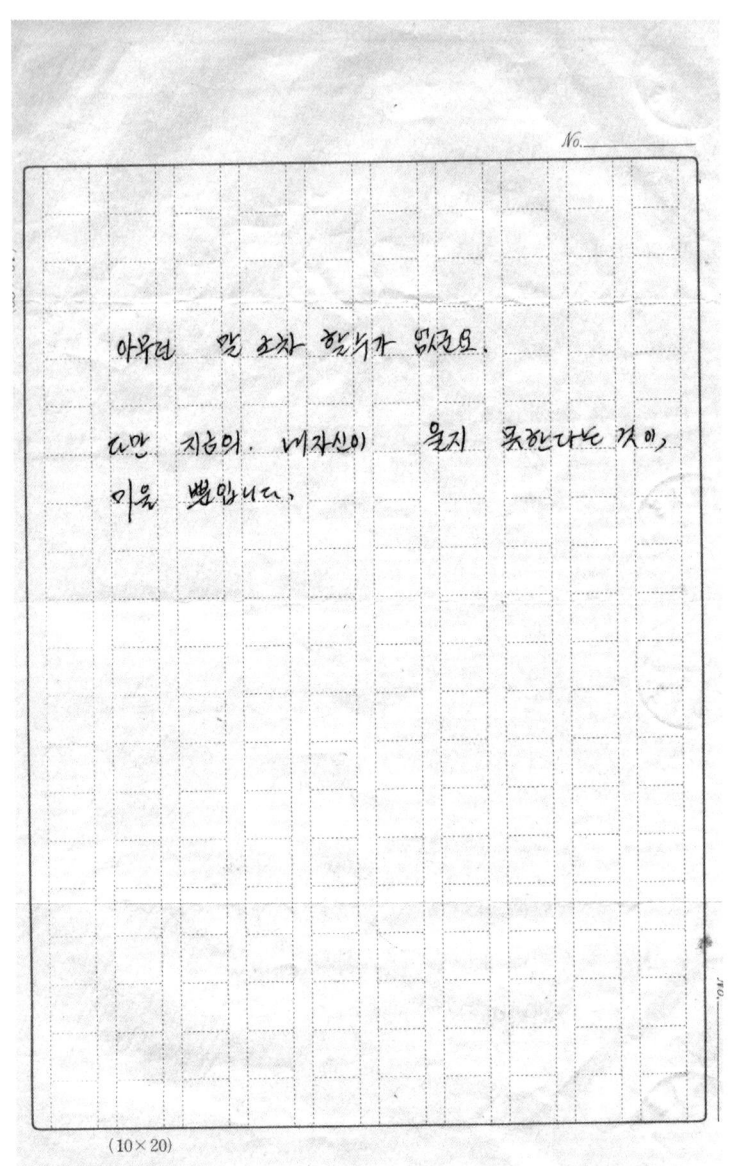

아무런 말 조차 할수가 없군요.

다만 지금의. 내자신이 울지 못한다는 것이,
마음 뿐입니다.

〈1978년 10월 31일 善榮〉

늦가을

겨울로 달리는 늦가을의 밤치고는
낮게 드리운 구름 하며 머언 안개
떠도는 물방울이 너무도 포근한 時間
담 아래 장독대에 숨은 귀뚜라미가
눈치 보며 조심조심 노래를 한다.
하나가 始作하면 또 하나가 따라 하며
저토록 답답한 울음을 하는 것은
깊어가는 가을밤처럼
깊은 季節을 아쉬워하는 거겠지.

밤늦도록 어떤 事緣과 이야기한다.
그도 지금 내 생각 할까 하는 期待가
바보 같아 잠시 웃지만
어쨌건 좋은 일
마음은 어둠처럼 깊어가고
睡眠도 이슬 속에 녹아가지만
幸福은 깊어가는 고요 속에서
서서히 깨어 나온다.

- 1978년 11월 8일

Beatles

詩를 읽다 보면 한 폭 그림을 보는 듯한 때가 있다.
또한 그 속에선 소리가 들리기도 한다.
白紙 위에 파란 글씨로 쓴 몇 자 글에 불과하지만
사람 마음을 움직이게 하는 힘이 있다.
일컬어 藝術이라고 하던가?
아무런 의미 없이 자주 듣는 音樂.
피곤하여 졸릴 때도, 바깥 날씨가 무척 좋을 때도
몸과 마음이 쓸쓸하고 우울할 때 좋아하는 음악을 듣는다.
짧은 몇 분간의 시간이지만
두 개의 스피커에서 흐르는 보이지 않는 리듬은
사람 마음을 자연상태로 돌아가게 한다.
모든 상태에서 가장 자연스런 기분으로
安定시켜 주는 것이다.
더욱이 인간의 목청을 울려 나오는 노래는
너무도 호소력이 있어
감격의 순간으로 이끌어 넣기도 한다.
詩는 눈으로 읽지만 음악은 귀로 들어야 한다.
詩를 읽으며 그림을 보며 소리도 듣지만
음악을 들으면 보이지 않는 音波 속에서 빛깔이 퍼져나온다.

눈을 감아도 보인다.
강물처럼 빛깔이 흐른다.
노랑, 빨강, 파랑……
음악에 따라 듣는 상태에 따라
마음이 움직이는 빛깔이 흘러간다.
표현할 수 없는 빛깔.
그 빛깔이 흐르며 달콤한 향기도 싸한 향기도 풍긴다.
삶의 기쁨이랄까?
눈도 귀도 하나하나 트여 살고 있다는 걸 실감하는 기쁨.

Beatles에 대한 의견은 그야말로 千差萬別이어서
신화적 존재라는 최고의 평가부터
청소년들을 병들게 하는 장본인이라는 평가까지
역시 세계적인 존재이다.
그렇게 분분한 Beatles를 한사코 외면하다가
어쩌다 산 앨범 한 장에 감탄을 아끼지 않으며
레코드 사모으기에 여념이 없다.
Yesterday를 듣기 위해 산 앨범으로
그들을 공감하게 된 것이다.

그들의 음악을 듣노라면 인생의 파노라마가 지나간다.
청춘의 불꽃과 함께 사랑의 열병 비슷한 광란도 나온다.
초창기 거친 음악이 점점 부드러워지며
사랑에 대한 언어 구사도 현실세계를 넘어서서
해체될 무렵에는 歌詞와 曲 모두
理想世界를 향해 치닫고 있다.
인생을 정리하는 황혼기의 모습과 함께
形言하기 어려운 삶의 철학이 가슴을 파고든다.
그들의 노래를 듣노라면 그리고 종반기로 접어들면 들수록
보이지 않는 빛깔과 잔잔히 흐르는 universe가 나타난다.
Across the Universe, The Long and Winding Road,
Something은
Yesterday와 함께 가장 좋아하는 곡이다.
여기에 Let it be와 Here comes the Sun을 덧붙인다.
Imagine을 그들이 녹음했다면
더할 나위 없이 좋았을 텐데……

그 외 가장 매료되었던 곡은
Franck Pourcel이 연주한 Concerto pour une Voix다.

현악기의 잔잔한 흐름이 피아노의 난타와 함께 절정을 이루고
다시 평화로 돌아오는
그리고 다시 반복되는 무척 아름다운 곡이다.
몇몇 곡을 틀어놓고 사랑하는 사람과
좋아하는 詩를 떠올려본다.
그의 머리부터 발끝까지 사랑해보고
김광섭 시인의 "저녁에"나
김현승 시인의 "눈물"을 떠올리면
아름다움이 그리고 무한한 평안이 깃든다.
내 깊은 곳에 숨어 있는 것들이
잠시나마 스스로를 가장 아름답게 한다.
내게 가장 부드럽고 포근한 시간은
사랑하는 사람과 좋은 음악을 들으며
아름다운 詩와 아름다운 생각을 나누는 그런 시간이 아닐까?
물론 이제까지는 혼자였지만……

- 1978년 11월 10일 21시 34분

가을 소리

며칠 들을 수 없었던 귀뚜라미가
창 너머 장독 뒤에서 운다.
그들에겐 가을이 어떤 意味인지
가을밤 내내 메아리치는 부름을 한다.
싸늘한 바람과 落葉, 흰 눈만이 對答할 텐데……

낮게 드리운 먹구름의 언뜻 터진 틈으로
하얀 달이 흐른다.
계집아이의 부푼 가슴 같은 열하룻날 달이지만
초라하게만 파리하게만 보인다.
저 달이 초라한지 이 마음이 파리한지는 몰라도……

모든 소리가 잠시 멈추어졌으면 좋겠다.
귀가 답답해할 眞空 속에
눈을 감고 그 아이를 떠올려본다.
긴 머리 하며 눈, 코, 입술
살짝 터진 틈으로 보이던 가슴, 허리
스커트를 입었을 때 잠시 본 발목
나와 닮은 발가락, 어깨하고 손목, 손가락

왼손이 心腸하고 가깝다 했지.

表情을 알 수 없는 모습을 그려
살며시 껴안고 입을 맞춘다.
가을 숲에 묻혀 눈에 덮이는
살폿한 꿈에 젖는다.
겨울밤의 차디찬 별보다도
어느 숲속 陽地녘 主人 없는 무덤보다도
그렇게 그렇게 좋을 텐데……

가슴에 품고 그를 보려 하지만
꼬옥 감은 눈
어느새 둘은 痕跡 없이 사라지고
고개를 들었을 땐
머언 가을 소리만……

- 1978년 11월 11일

눈이 왔다.

첫눈이다.

지금도 간간 눈발이 날린다.

機械制作 終講을 하고 40분이나 기다려

統計學하러 자리에 앉았을 때

첫 눈발이 날리고는 오후 내내 산발적으로 눈이 날렸다.

통계학도 종강하고 시내로 나와 기다렸으나 만날 수 없었다.

眞淑이도 보고 家庭科 학생 둘을 보고는

더욱 묘한 감정을 느낄 수 있었다.

점심 먹고 元鐵이한테 갔더니 마침 있었다.

시내로 나와 다방에 앉아 있다가

맥주 한 잔씩 마시고 돌아왔다.

내일 다시 오라고 했다.

내리는 눈을 보니 오늘 종일 찾았던 것처럼 그의 생각이 났다.

꼭 칠 년 전 오늘 그를 처음 만나던 날.

숱한 이야기를 남겨가며 아직도 이렇게 싸우고 있으니……

하지만 좋은 애였다. 그리고 지금도 좋은 아이다.

날 가장 잘 알고 날 꼼짝 못하게 하는 힘도 가지고 있어

밉기도 하지만 사랑스럽고 귀엽다.

결혼이라는 개념 때문에 서로가 쌓아놓은 장벽을
뛰어넘지 못하고 망설이는 상태.
이제 와서 결혼을 포기한다고 하면
도대체 무엇이 남는다는 것인지.
그가 결혼을 승낙한다고 하여도
내게 돌아오는 그다음의 상태는 어떠한 것인지.

한 남자에게 자신과 자신의 일생을 맡긴다는 여자의 심정과
한 여자의 모든 것을 책임진다는 한 남자의 심정
내가 고려해 보았던가?
그를 진정 행복하게 해줄 수 있는지
정말 사랑할 수 있는지……

내일은 직접 학교로 가보아야겠다.
사랑한다는데 도대체 누가 뭐라고 나설 것인지!

- 1978년 11월 27일 월요일 눈

온 하늘이 파랗게 빛나는 게 무척 고왔다.
엊저녁부터 쓰던 편지 아침 내내 쓰고는
서둘러 電氣工學 終講하러 나섰다.
어제 찾은 사진하고 코닥필름과
카메라 챙겨가지고 나선 것이다.
終講은 2시에 맞추어서 했기 때문에
3시 5분 전에야 도착할 수 있었다.

기다리며 카메라에 필름 넣고 있으니
그와 연금 씨가 나타났다.
인사하며 東鶴寺에 가서 사진 찍자고 했더니
연금 씨는 동의하는데 집에 간다고 쫑알거린다.
달래서 '대한다실'을 나섰다.
언뜻 보니 오른 손등이 부어 있었다.
연금 씨 말로는 자기 기다리다 난로에 데었다는 것이다.
동학사 가는 차 안에서 보니 물집이 잡혀 있었다.
곁에 앉아 가는데 어깨에 와닿는 촉감이 무척 좋았다.

해는 지는데 둘은 천천히 걷는다.
무슨 일로 해서 그의 등을 잡았더니
"이거 안 놔!" 카메라를 꺼내니 연금 씨가 가방을 들어주었다.
그러자 그가 가방을 받아 들고 앞선다.

잽싸게 우선 한 장 "찰칵!"
계룡산 줄기엔 아직 눈이 쌓여 있었다.
얼굴을 찍으려 무척 애썼지만 긴 머리 늘이며 고갤 숙인다.
그래도 기회를 포착하며 셔터를 눌렀다.
둘은 동학사 바로 못 미쳐서 다리 아프다고 주저앉는다.
그래서 사진 찍어달라고 했더니 나선다.
우선 소나무를 배경으로 내 사진 그가 찍었고,
나는 연금 씨 찍어주고 배경 풍경 찍고
노리고 있다가 고개 돌리는 모습 찰칵!
내려오다 빈대떡 먹으며 또 찍었다.
산그늘에 가려 잘 나오려는지 모르겠다.
그래도 그가 마음을 써주어서 좋았다.

오른손을 보니 손바닥이 파랗다.
멍이 들은 것 같아 물으니
피부가 약한데 날이 추워 그렇다고 연금 씨가 대신 답한다.
그 말을 듣고 유심히 얼굴을 쳐다보았다.
버스 타는 곳에 오니 손이 얼었다.
왼손이 얼어붙어 그의 볼에 잠시 댔다.

돌아오며 학점 얘기를 했다.
대동 사거리를 걸으며 약 발라야 하지 않겠냐고 했더니

그저께 데었다며 약은 발랐으니 걱정 말란다.
또 방학 때 편지하지 마라고도 한다.
집에 갈 때 전화하랬더니 안 한단다.
그래서 주머니에 편지를 넣어주었다.

손이 스친다.
편지 내용이 약간 지나친 것 같아 걱정했더니
"저한테 쓴 편지로 생각하지 않고 읽겠다"고 한다.

집에 다 와서 작별 인사했다.
웃으며 헤어져 좋았다.
무척 많이 변했다.
우선 나를 대하는 태도가 바뀌었다.
친구를 꼭 데리고 나오는 것을 보아도 알 수 있다.
음악 테잎을 돌려주는데 이번엔 포장을 해서 준다.
무엇보다 좋은 건 그의 사진을 찍은 것인데
렌즈에 지문이 묻어 있으니……

- 1978년 11월 29일 목요일 맑음

〈1978년 11월 29일 東鶴寺〉

아침

빌딩의 窓門에 불을 지르며
붉게 타오르는 都市의 아침 해는
少女의 볼보다도 수줍었다.

희뿌연 東山의 山頂에서
都市의 帳幕을 걷어내기엔
혼자선 너무도 부끄러웠던 게지.

- 1978년 12월 23일 8시 10분
회덕 가는 버스에서

깨달음

친구 집에 놀러 갔었다.
볼품없이 작았고
酒店이 딸려 딱해 보였지만
종일 가족들과 지내고 보니
삶을 보는 눈이 달라지게 되었다.

삶의 기쁨과 행복, 불행은
우리 內面에 있는 것이며
겉으로 드러난 모습이
결코 전부일 수 없다는
화목함을 볼 수 있어
내내 편안한 마음이었다.

낮엔 따스하고 하늘이 맑아
눈 쌓인 鷄龍山이 보기 좋았다.
通禁이 가까워 돌아오는 길
불빛에 하얗던 비포장 新作路
까맣게 어두워지는 밤길도 좋았다.

- 1979년 1월 21일 22시 55분
豆溪를 다녀오며

〈1979년 3월 31일 蘇堤洞 집〉

비가 내리다

어둠의 장막을 흐르는 물줄기 있어
멀어져 가는 그리움 찾아
이 밤 비가 되어 내리다.

창살은 그림자를 더해가고
흩어지는 불빛에 희미해진 나뭇가지 사이로
깊은 신음을 하듯 비가 내리다.

비가 내리다.
그 원시의 모습을 간직한 소녀의 속삭임처럼
온 밤 귓가를 맴돌 비가 내리다.

- 1979년 4월 7일

가끔 들에 나가서는 봄 향기를 느끼며 善을 생각했었지요.
이 정겨운 모습을 善에게 어떻게 전하지?
하며 편지글을 혼자 머리로 쓰지만
집에 돌아와 종이에 옮겨 적을 만한……
정신 나간 사람이라고 해야 되나요?
善한테 빨리 소식 전해야지 하는 생각은 하면서
늘 잊곤 했어요.
평일은 9시가 넘어야 돌아오고
일요일엔 이리저리 불려 다니다
저 역시 시간만 빼앗기곤 했으니까요.
이젠 주위가 잠잠해졌고,
주말과 일요일엔 시간을 얻을 것 같아요.

3월 1일엔 어떻게 집에 돌아가셨을까요?
善이 문화회관 옆길로 해서
큰길로 사라져 갈 때까지 계속 바라보았지요.
자동차 사이로 간신히 보이는 모습이었지만,
아직은 少女 같았어요.
그날 전 늦게서야 돌아왔답니다.
거기서 바둑을 두었거든요.
그럴 줄 알았음 善하고 덕수궁에나 갈 걸 하고
혼자 투덜거렸죠.

회사생활은 여전하시겠지요?
사람이 어디에서나 남에게 귀여움을 받는다는 것은
기쁘고 행복한 일 같아요.
전 서클 회장을 물려주며 좀 의미 있는 얘기를 했어요.
먼 훗날 우주 건너 저편의 세계에서는 완전한 자유,
참된 진리인이 되어서 만나자구요.
그 후론 전 조금 변했어요.
좀 뻔뻔해지고 능글능글한……
하지만 제 본심은 변하지 않을 거예요.
무엇인가 이제는 자신이 있다고 느끼는데
세월이 절 기다리지는 않는가 봐요.
아쉬움 속에 간직하는 수밖에요.

5월에 시간이 생길지 모르겠군요.
비원에 가보고 싶고,
또 Paul Mauriat 악단이 내한한다는 데도 가보고 싶은데
졸업여행이 어떻게 될지 모르겠어요.
졸업여행도 별로 실감이 안 나는 것 같구……

며칠 전에 Romeo & Juliet 영화를 보았거든요.
그런데 Hussey가 그렇게 귀여울 줄은 몰랐어요.
특히 막 울 때요.

한 주일만 지나면 화단엔 꽃들로 가득할 거예요.
싸리꽃, 梅花, 영산홍, 牧丹.
올핸 牧丹이 더 크고 이쁘게 필 것 같아요.
꽃사과도 필 테고 사과꽃도 필 거구요.
옆집엔 배꽃, 살구꽃, 복사꽃, 앵두꽃,
매화, 벚꽃이 한창이랍니다.

화사한 봄 날씨같이 예쁘고 건강하세요.
이 편지는 직접 써서 제게는 남지 않는답니다.
잘 보관해주세요.
앞 편지 옮겨 적고는 그냥 썼어요.
그래서 왔다 갔다 해요.
그럼.

- 1979년 4월 15일

卒業旅行

하이얀 물보라 검푸른 바다에 뿌리며
졸업여행으로 南海를 달립니다.

海岸絶景과 바다라는 푸근함이 안겨 오지만
늘씬한 하얀 制服 乘務員들에게 마음이 쏠리네요.
그들과 이야기하는 것도 좋지만
갑판으로 나아가 바다를 보는 것도 좋구요.

거친 물살에 바람도 드세어
뱃머리에 부딪혀 튀어 오르는 물보라가 壯觀입니다.
물보라에 흠뻑 젖은 채 사진을 찍고
날아갈 듯 세찬 바람에 머리칼을 날리는
바다는 역시 멋진 곳입니다.

南海大橋를 지나 三千浦를 거쳐
忠武로 간다는 비너스호
새로운 浪漫과 追憶이 생겼습니다.
아름다운 사람과 이런 旅行을 한다면 더욱 좋겠지요.

문득 바다로 뛰어들고 싶어집니다.
터지듯 솟아오르는 물방울 속에
하얗게 피어올라 연기처럼 사라지는 물결 속에
나와 너 그리고 모든 너를 던져
영원히 간직하고 싶은 衝動을 느낍니다.

짜릿한 소금 내음과 뱃고동 그리고 海潮音
나와 나의 배는 빠르게 아주 신나게
어릴 적 탔던 回轉木馬처럼 출렁이며
당신, 당신에게로 달려갑니다.
꼭 나와 이곳을 다시 지나도록 해요.

- 1979년 5월 25일

〈1979년 5월 25일 忠武行 비너스號〉

거미

비가 지나간 자리
달빛 사이로 구름이 흐르는 밤
조명등같이 빛나는 달 속에
검은 그림자가 원을 그린다.

여러 손을 움직여 매듭을 짓듯
허공을 가만히 찌른다.
반짝이는 것
숨결처럼 날리는 실

공중을 날아다니며 사는
곤충을 잡아먹고 사는 운명

그들을 잡으려
모두가 잠들고
이름 모를 벌레가 우짖는 밤에
달빛에 빛나는 비단실을 내어
그물을 짠다.

산다는 것은

너 거미에게도

그렇게 절실한 것이냐?

- 1979년 6월 7일

여름밤

하루가 바뀌는 시간
멀리서 아주 먼 곳에서
포근하게 안겨 오는 잎새 소리
어둠 속으로 퍼지는 푸석한 귀뚜라미 울음
살며시 밀려오는 바람
속삭이듯 그렇지만 밀물처럼
허공에 부서져 물거품이 되듯
비
가는 비

오늘 밤은 산 너머 그 어느 곳에라도
숨어 사는 사람을 찾아가고 싶어집니다.
안개 속을 헤쳐 나가도
입가에 쏟아지는 물방울처럼
마셔도 마셔도 사라지지 않는
그래도 꿈속처럼 목마른 사람이 되어서요.

아무리 좋아도 말하지 말고
아무리 미워도 싫어하지 말걸

비를 맞는 것도 눈을 밟는 것도

혼자서 혼자만이 할걸

외로우면 별을 보고 속삭여 달라 하고

쓸쓸할 땐 빗소리에 말을 걸고

그리울 땐 호수에 돌이나 던질걸

바닷가에 앉아 돌아오지 말걸

차라리 하늘만 보고 걸을걸

우주 건너 저편에서 누구를 만날 수 있다 하더라도

차라리 난 바보가 될걸

창을 때리며 번쩍이는 소나기를 보면서도

싸늘한 가지에 쌓이는 눈 소리를 들으면서도

홀로 밤을 보냈던 모습

비는 그치고

귀뚜라미는 또다시 울고

오늘도 이렇게 창가에 귀 기울입니다.

- 1979년 6월 18일

絶望

잊는다는 것
흔적, 자취 모두를 남긴 채?

길섶을 흔들고 지나는 바람은
잡히지도 보이지도 않은 채
아무 일 없었다는 듯 흔적 없이 사라져 가는데
사람의 마음은 무엇이 흔들고 지나기에
깊고 깊은 흔적을 남기는 걸까?

삶속에 비쳐 오는 숱한 모습들
그리고 나의 모습

오랜 시간이었나 보다
저물어가던 초겨울 오후에 만난 사람
그도 나도 그리고 세월도 변해가고
없으면 안 될 것 같은데
지친 탓일까?

나를 잊고 있었나 보다.

바람 부는 언덕 호수가 있는 숲으로 가자.
거기 아무도 모르는 곳에서
생각을 않고 그도 잊은 채 살자.

서로가 얼마나 필요한 존재인가 느꼈을 땐
이미 늦어버리도록……

- 1979년 8월 4일

기다림

이런 기다림은 들뜨게 한다.
들뜨기보다는 焦燥한 게 아닐까?

좋은 音樂이지만 시끄럽고
조금 밝은 등불 아래에서
期約 없는 기다림에 懦弱해져 간다.

무엇인가 해야 하는
무엇인가라도 해야 한다는 緊張感 속에
俗節 없이 기다림이라니

차라리 約束을 하지 않았더라면
아니, 만나지 못했더라면……
이런 기다림은 焦燥하다.
그리고 이것은
어떤 形態로든 나를 病들게 한다.

- 1979년 9월 6일
자연다실에서

먼 곳

먼 곳이 있다면
꿈도 꾸지 않고 희망도 없는
그래서 기쁨과 슬픔도 없는
그런 먼 곳이 있다면
小也, 넌 갈 수 있겠니?

눈부신 햇살과 환한 창밖을 기뻐하는 순간도
깊게 가라앉는 비안개에 덮여 단잠에 빠지는 것도
소리 없이 눈 내리는 밤을 지새는 純潔마저도 모르는
그런 먼 곳이 있다면
小也, 난 가겠다.

지난날을 돌아보는 것도
앞날을 그려보는 것도 모르는 호수에 빠진 구름이 되어
온종일 바람만 헤아리련다.
그래도 따라와 바람에 실리는 잔물결이라도 되려느냐?

세상 어느 곳에서도 自身을 찾을 수 없을 때
거리로부터 멀어지고 있는 자신을 발견했을 때

이 공간은 왜 이리도 좁은 것이냐?
수많은 눈웃음과 미소에 쌓인 채
날카로워지는 눈동자와 신경 그리고 疏外感은
무엇을 잃었기에 이렇게 작아지고만 있는지.

산다는 그 자체에만 목적이 있는 것인가?
스스로에 만족하고
자신의 기대를 스스로가 가장 믿고
그래서 자신을 가장 사랑하는 自我

몹시도 그리운 사람이 있어 모든 시간을 주고는
밤하늘을 떠도는 小也를 생각해냈지
無限한 視線과 憧憬 속에서 너를 찾아냈고
完全한 自由 참된 眞理가 있는
宇宙 건너 저편 세계에 머물게 할 수 있었다.

그렇지만 항상 보고 싶었다.
너를 보려는 시선이 무한히 뻗어
저편 세계를 돌아 내게 왔을 땐

나도 그도 그 모두도 없는
그래서 널 만날 이가 아무도 없는
세상이 될 것 같았거든

小也, 넌 언제나 이쁜 계집애였다.
밤하늘을 지키는 눈을 가졌고
밤을 지키는 입술을 가졌으니까.
널 그리며 기다렸단다.
우주를 떠도는 티끌에서
흙을 밟고 숨을 쉬는 모습으로 나타나길

그렇지만 小也, 가고 싶구나.
오래도록 떠나 가고 싶구나.
흩날리는 웃음도 땅을 딛는 흔적도 없는
아무도 모르는 그 먼 곳에서
한 조각 구름과 바람을 헤아리며
자신을 피해 망각을 찾는
잔물결이 되는 그런 곳이 있다면
小也도 모르는 그런 먼 곳이 있다면

小也는 보내겠니?

- 1979년 9월 11일

구름과 바람

당신은 구름
난 바람

당신은 요래조래 변신하고요.
난 그런 당신 따라다녀요.

당신은 얌전히 머물다가도
어느새 하늘 저편 뭉게구름

당신 좇아 비탈길 오르고요.
하염없이 바람개비 돌리지요.

당신은 구름
난 바람

당신은 해도 달도 가리우고요.
난 그런 당신 싫어 날라요.

당신은 홀연히 사라졌다가

온 세상 가리는 자욱한 안개

당신 찾아 골목길 더듬고요.
속절없이 해 나길 기다리지요.

당신은 구름
난 바람

당신과 나 다르게 불리우지만
영원히 뗄 수 없는 한 모습이래요.

- 1979년 11월

구름과 바람

넌 구름
난 바람

넌 요래조래 변신하고
난 그런 너 따라다니네.

넌 얌전히 머물다가도
어느새 하늘 저편 뭉게구름

널 좇아 비탈길 오르고
하염없이 바람개비 돌리지.

넌 구름
난 바람

넌 해도 달도 가리우고
난 그런 너 실어 나르네.

넌 홀연히 사라졌다가

온 세상 가리는 자욱한 안개

널 찾아 골목길 더듬고
속절없이 해 나길 기다리지.

넌 구름
난 바람

너와 나 다르게 불리우지만
영원히 뗄 수 없는 한 모습이래.

- 2023년 5월 16일

落花巖

어느 하늘 아래 茂盛한 雜草인 양

荒凉한 나래 접을 길 없어

가을빛 가득한 들을 달려

百濟의 恨이 담긴 이곳

落花巖에 앉았습니다.

千年의 이끼가 怨恨처럼 서리고

숱한 傷處에 멍들은 물결이 逆流하는 곳.

가슴속을 파고드는 찬 氣運

마른 나뭇잎을 스치는 江바람

무언가에 病들은 마음엔 感興이 없어

퍼―런 강물과 소나무, 바위를 뒤로

그만 돌아섭니다.

- 1979년 11월 8일 15시 21분

皐蘭寺

白沙場은 금빛으로 물들어가고
그늘진 강물이 검게 바뀌는 시간
향 내음 그윽한 皐蘭寺 뜰에서
강가로 길게 늘인 古木을 봅니다.
모두들 즐거운 표정으로 와선
기분대로 보고 갑니다.
조용하고 차분함을 느낄 수 없는
아무리 노력해도 마음이 들떠지네요.
빨리 돌아가야겠다는 생각입니다.
그래도 마음 한켠 映像 속에는
토끼 같은 모습이 떠나질 않네요.

- 1979년 11월 8일 15시 50분

첫눈

저녁 어둠 속에 내리던 첫눈
밤늦도록 사뿐히
사뿐히 내려앉아
그늘진 응달에 소복이 쌓였다.

- 1979년 11월 13일

— 둘 —

이젠.
바람이 불때면,
비가 올때면,
눈이 내릴때면. 그리고 음악이 흐를때면
자꾸만, 자꾸만 날아 가려는 마음.
책상 다리에다 꼭 매어두고 남은끈에는 큰돌달아 둬야 겠어요
방학이 끝나기 전까지만 이라도....
참 ! 청양에 오실꺼라구요 ?
설마 비봉 까지 오신다는 말씀은 아니겠지만...
겁이 나네요. 덜컥.
아무튼 겁이 나요. 덜컥덜컥.
비봉은 너무 좁은 곳이어서. 너무 먼곳이어서 그리고 인심은
좋지만 너무들 보수적이어서...
비봉 까지 오실 마음 있었다면 취소 해 버리세요.
大 일. 정말 큰일이 되고 만다구요.
칠갑산 구경만 하고 싶으시다면 청양읍 까지만 오세요.
청양읍에 몇시쯤 도착 할지 미리 편지 연락하시구요.
그러면 제가 청양 까지 뛰어 나갈께요.
가까운곳에 있으면서도 전 역시 칠갑산 구경 한번도 못했거든요.
청양에 대해서는 너무 큰 기대 갖지 마시고...
기대가 크면 그만큼 실망도 크다는 것. 잊지마세요.
아시다시피 이곳은 눈오면 못오고 비오면 못가는 그런 두메산골 이랍니다
정담나귀씨! 오늘부터 저는 또 고삐 매인 생활을
해야 되나봐요. 자신을 위한 구속이지만...
정말. 구속을 위한 구속이 아니라고 생각하고 싶지만 마음이
갑갑해 오는것은 어쩔수 없네요.
벌써 오후 7시를 알리는 시계 종소리
댕.댕.댕.댕.댕.댕.댕. 몸도 피곤. 마음도 피곤.
제가 너무 수선 피웠나 봐요. 안녕히 계세요.
1980年 1月 21日.
X. 노른에다 편지를 써서 미안해요.

가랑비

보고 있나요?
하염없이 눈물짓는 여인의 모습으로
검은 면사포 젖히는 저 하얀 달을

달을 감싸고 흐르는
얇은 비구름의 언뜻 터진 틈으로
가녀리게 빛나는 저 별은
누굴 어여삐 여겨 흐느끼는지
아시나요?

신비스런 하늘엔 달이 흐르고
희미한 달빛이 비춰지는 여기는
지붕에도 마른 가지에도 땅에도
가늘고 가는 비가 내려요.

- 1980년 1월 29일 00시 02분

꿈꾸지 않는 잠

맥박이 잠겨가고
체온이 식어가며
숨이 멈추고 심장을 멎게 하여
육신이 썩는 단순함

이런 현실 앞에 서본 적 있는가?

숨결엔 고독이 함께하고
귓가엔 우주의 소리가 멀어져 가는
슬퍼하는 것도 기뻐하는 것도
존재조차도 모르는
꿈 하나 꾸지 않고 자는 잠

칠흑의 어둠을 뚫고 강을 건너지만
창백한 모습은 흰옷을 입는다.

죽음 앞에 평등한 것을 기뻐하리라.
죽음을 기뻐하리라.
현실에 죽어 있음을 망각하는 너보다

실로 죽음에 있을 너를 기뻐하리라.

- 1980년 1월 29일 00시 15분

기다림

기다린다는 것은
이렇게 焦燥하게 기다린다는 것은
가슴을 병들게 한다.

시간이 훨씬 지나
더 이상 머물 수도 없는 순간이 밀려오도록
오지 않는 사람을 기다린다는 것은
병을 얻어 앓는 거나 마찬가지

어디에 있는 것일까?
잊고 있는 것은 아닐까?
오다가 사고라도 난 것은 아닐까?

마음을 어느 곳에 두어야 하는지
어느 곳으로 보내야 하는지
기다림은 또 병들게 한다.

기다린다, 기다려본다.
오늘이 다 가도록

기다리는 사람이 올 때까지

- 1980년 2월 21일

都市의 밤

都市의 밤하늘
흰 그림자가 흐르고
微笑 지으려 해도 슬픈 얼굴
검은 그림자 위에선 어쩔 수 없는 초라함.

달리는 불빛을 발밑으로
육교 위에 선 두 눈은
초라한 그림자를 흘기며
먼 그리움을 던진다.

- 1980년 2월 21일
에펠제과 앞 陸橋에서

〈1980년 2월 25일 卒業式後 집〉

* 처음 써보내는 落書.

좁은 생활공간에서 대자연의 세계로 훌쩍 날아가
대자연의 숨소리를 들으며, 고생과 그 속에서 찾은 보람과
어떤 뜻깊은 외출에서 돌아와 정신없이 썼던 글나라로 갑니다.
(처음 쓰는 편지라 말존대를 어떻게 써야할지. 경어 or ?
  그냥 연필 나가는 대로 ……).

내가 눈을 떴을땐 저녁 7:40 쯤이었지요.
일어나 정신을 차리고 저녁을 먹은 후 책상에 앉았답니다.
어떤 책으로도 나의 시선은 집중되지 않았어요. (피곤한 탓이기도 하지만).
문득, 편지가 쓰고 싶어졌어요.
인사도 하긴 싫고 ……
나자신과 피아노. 책, 내 눈앞에 펼쳐진 이것이 전부인 나의 생활을
비록 우연한 기회였지만, 다른 세계로 이끌어 다른 생활의 한 면을
약간이나마 알게 한 안내자에게.
길다면 길고 짧다면 짧은 시간이었지만
많은것을 보고, 느끼고, 생각하고, 나자신을 반성 할 기회가 되었답니다.

내가 낙서했던것 적어볼까요?
적을께요.
「 생각해 본다.
  빗소리가 꼭 인간들의 외침같이 울려오고.
  빗줄기는 정화된 상태를 이끌어 주는 안내자 처럼.
  저렇게 사정없이 때리는구나.
  과거에 미련을 두지말고. 사정없이 씻으라는 신의 경고인 것 같다.
  잡 초라하게 보이는 내 자신이지만.
  뭔가 안내자를 만나고 있단 기분에 다소 위안을 얻기도 한다.
  모두들 자기 일에만 축급해서 남들을 생각 못하고 사는
  이 사회속에서 자연이 없었다면,
  우리는 어디에 의지할 수 있었을까요.

잠이 안 오는 밤은 괴롭지만, 인생을 깊이 생각하고 깨닫는
사람에게는 괴로운 밤이 아닌것 같다.
난생 처음 외박.
이유는 어찌 되었든

솔직히 나의 소심한 성격과 호기심이라 할까,
어떤 나의 마음의 속박으로부터 한번쯤 이탈해 보고 싶은
충동이 컸기 때문일것이다.
하지만 후회하지 않는다.
그렇다고 나의 행동이 꼭 좋았다고 생각지도 않는다.
나도 많이 변했나 보다.

그만치 내가 자란것인지, 아니면 어리석은 생각이 낳은
행동인지 아직은 모르겠다.
다만 이날을 오래 기억하고 싶을 따름이다.

지금까지의 나 자신에서 느끼는 고독와 삶의 의미에 대해
많은 상념의 파편들을 남긴 채,
또 많은 생각들이 머리를 스치고 지나간답니다.
실패, 실패란 가치있는 것을 정말 가치있게 하고
또, 그것이 없었더라면 간과해 버렸을지도 모르는 가치를
알게 끔 해 주는 것도 같답니다.
그런면에서 나는 거시적으로 볼때 행운아 일까요?
아직 많은 시간과 기회가 산처럼 쌓여 있으니까 그럴지도 모르겠네요..

인간이란 '고독'과 '어울림' 사이를 왔다 갔다하다가
죽는거라고. 누군가 이야기 했지요.
나를 둘러싼 환경이 나를 가로 막는 것일까,
그것들이 차지하고 있는 공간이 너무 큰것이어서
선뜻 빠져 나오기가 두려운 걸거다.

205

아무리 몸을 움직이려 애써도 이마에 솟는 땀방울 이외엔
움직일수 없는 새벽의 악몽처럼, 내가 서야할곳을 생각할 땐
암담하기 그지없다.

흐르는 물에 비하자면 늪은 언제나 정밀한 침묵을 지키고 있다.
늪에는 잔잔한 물결은 일어도 큰 풍랑은 없다.
그래서, 늪은 항상 신비한 침묵을 안고
고요의 사색에 잠겨 있을 뿐이다.
이러한 늪가에 앉아 귀를 기울이면, 거기서 속삭임을 들을 수도 있을 것 같다.
그러나, 이러한 늪도 조금이나마 흘러나가고 흘러들어오는
신진대사가 없다면 그대로 썩은 웅덩이가 되고 말지 않을까?
맑은 물기는 모두 죽어 없어지고,
퀴퀴한 악취만이 나는 그런 웅덩이.
우리인간의 生態도 마찬가지 일것이다.
남들이 지나갔던 안전한 궤도 만을 따라 가는 사람.
그리고, 매일매일 같은 동작만을 안이하게 반복해 가는 사람.
그에게는 결코 큼한 풍랑은 일어나지 않을 것이다.
기껏해야 잔잔한 물결처럼 간지러운 변화만 있을뿐.
만일 낡은 궤도만을 안이하게 따라 간다면,
그의 사상과 행동양식엔 낡은 이끼가 끼고,
진부한 냄새만이 풍기게 될것이다.
저 썩은 웅덩이 처럼.

우리의 실력에 넘치는 생활에의 욕망.
아직도 피어 날 시기가 아니거늘,
억지로 피어 본 꽃.
이러한 발버둥은 일종의 가장행렬에 지나지 않는다.
내적실력과 외양이 다른 가장 행렬.
이런 가장행렬에 끼여서는 안되겠지요.
무지한 노력. 무모한 욕망이니까요.

쓸데 없는 말만 지껄였나봐요.
아뭏든, 즐겁고 뭔가를 알게 한 날을 선사해줘서 감사.
나의 20번째 생일 선물로 오래 기억하겠어요.

세상의 모든 것이 더러움을 드러낸다 하드라도
진실성을 갖고 있다고 믿을수 있는 여유를
가질수 있는 사람이 되어야 겠지요?
또한 비관적이지도 낙천적이지도 말아야 되겠지요?

1980. 4. 27.   - Yeong Shin -

信아,
아주 오랜만에 너와의 시간을 가진 것 같구나.
항상 자기를 기준으로 삼으니까
자신의 변함은 모르고 남의 변화만 느끼는 우리.

그래, 몹시 달라졌더구나.
까불고 장난기 많던 네가
그렇게 조용하고 차분한 淑女가 되었을 줄이야.
네가 그렇게 소심했던가?

그들에게 뭔가를 보여주겠다고 떠들던 내가
오히려 네게서 무언가를 보고 만 것 같은 느낌.
떠들고 노느라 몹시 짧은 밤이었지만
곁에 앉아 체온을 느끼며
손에 잡혀 있는 손목을 조용히 나의 것으로 해보았다.

너는 많은 것을 생각하고 있었을 거야.
아름다운 밤은 아니었겠지만
내리던 비처럼 마음속엔 무언가가 조용히 흐르고 있었겠지.
그 시간이 조금이라도 도움이 될 수 있다면 나도 기뻐할 거야.

돌아오는 차창 밖 비가 내리는 모습이 조금은 슬펐는데

눈 감고 조용히 기대어 있는 모습.
새끼손가락엔 내 가방끈이 걸려 있는 걸 보고
살며시 안아주고도 싶었지.
네가 왜 그렇게 조용한 아이가 되었는지
못내 믿기지 않았거든.

이젠 어엿한 어른 淑女가 된 거야.
뜻하는 대로 되길 나도 기원할게.
좀 더 쓰고 싶지만
네 편지를 더 생각해봐야 될 것 같구나.

그토록 아름답고 잔인하던 4월이 가고
아카시아 내음 향기로울 5월이 되었다.

다시 쓰지.

- 1980년 5월 1일 00시 31분

적막한 밤하늘 포근히 젖어 들게 하는 비가 내리네요.
조용한 풀벌레 소리 밤비 사이로 흐르고 창가엔 하이얀 박꽃.
달이 밝다면 창연히 빛나련만 창 너머 어두운 처마 끝 위로
빗소리에 숨죽이며 빛을 토해냅니다.

오랫동안 너무도 오랫동안
이런 조용한 시간을 갖지 못했군요.
무언가에 이끌려 한동안 책만 보고 있었답니다.
이렇게 시간에 묻혀 쫓기고 있다는 것이
무척 부끄럽고 답답했지만
어쩌면 이런 기회가 다시는 없을 거라는 생각과
책을 읽으며 느끼는 감동이 적지 않아
다시 없을 좋은 시간으로 보내고 있습니다.
멀리했던 이런저런 책들을 펴들고
그런 깨달음이 들었을 때
기쁜 마음으로 답답함을 떨칠 수 있었습니다.
인생을 바라볼 때 지금 보내고 있는 이 일 년이야말로
제 자신을 확실히 해둘 수 있는 좋은 기회라 여기고 있습니다.

종종 주시던 琞의 편지도 없고
저 또한 성의가 없는 듯 편지를 드리지 못하길 몇 달째.
그렇지만 항시 다감한 琞의 모습을 잊지 않고 있습니다.

요즈음은 제 자신을 어떻게 세워야 할지 생각하고 있습니다.
큰 뜻을 품고 세상으로 나아갈 것인지,
소시민으로 자기 세계만을 펼쳐 갈 것인지를요.
한 가지 분명한 것은 어느 것을 택하든
大義名分을 존중하고 仁을 따르며
세상의 비웃음거리가 되지 않도록 하여야 한다는 것이겠지요.

지난봄 조롱박 씨를 창밑에 심었더니
온 窓을 조롱박 넝쿨이 덮고 있습니다.
덕분에 바람이 불고 비가 올 때도
항상 창문을 열어놓을 수 있게 되었지요.
저녁 무렵 하얀 꽃이 피어 밤새 밤을 지키다가
아침햇살과 함께 시들어가는 박꽃.
조용한 아름다움이 있답니다.
이렇게 비라도 올 제면 가슴 가득 밀려오는
그리움 같은 것도 박꽃에 비한다면
글쎄요.

우리가 만난 지도 벌써 삼 년.
느낌은 무척 짧은데 되돌아가려면
몹시도 먼 곳에 있는 우리는 그렇게 과거와 현실을
순간으로밖에 받아들일 수 없는 것인지요?

열심히 책을 읽으려 합니다.
분명한 저를 세워보도록 하겠습니다.
이런 귀중한 깨달음을 얻고 실천하려는 지금
어쩌면 그것을 용납하지 않으려는 듯
저를 재촉하게 하는 이야기를 오늘 들었습니다.
저런 조용한 비보다는 천둥 번개가 치는 소나기가 좋을 텐데
저녁 내내 청승맞은 비가 내립니다.

善, 건강하시지요?

그럼.

- 1980년 7월 11일 00시 35분

사이

사는 동안은 살겠지.
한세상 지낼 수 있겠지.
평생 떨어져
다시는 만날 수 없을지라도
우리는 떠날 수 없을 거야.

너의 말 받아들일 수가 없다.
받아들인다면
다시 받아들인다면
결코, 널 용서할 수 없을 테니까.

아무도 모르는
누구도 찾을 수 없는
호수가 잠드는 곳에서
바람과 구름으로 지낸다.
우리는 꿈꾸며 산다.

- 1980년 8월 26일 12시 16분

海南半島 끝
병풍처럼 大興寺를 감싸 안은 頭輪山이
南海를 내려다 봅니다.
어디에선가 뻐꾸기는 울어대고
손을 뻗으면 잡힐 것 같은 바다가
섬 사이를 채웠습니다.
아침에 떠나온 莞島가 저긴데……

비가 오려나 봅니다.
잿빛 구름이 바로 머리 위를 흐르네요.
西海를 건너온 비구름인가 보죠?
완도와 康津을 잇는 노오란 길 위로
푸석푸석 달리는 게 보입니다.
사진을 보듯이 아주 작게 말이에요.
바람도 몹시 부네요.
파도가 일겠죠?

산마루 풀밭에 앉아 먼 곳을 봅니다.
세상과는 거리가 멀어진 이곳
풀밭을 스치는 바람소리, 새소리
이 모두에 잠겨 다 잊힌 듯합니다.
누군가를 사랑했었나요?

무언가를 생각하나요?
저렇게 넓은 세계 끝없이 펼쳐진 길이 있는데
작은 곳에 묻혀 진실을 外面하고 있다니요.

비구름이 모든 것을 휘감아버릴 것 같습니다.
돌아가야겠어요.
잊었던 일, 그냥 지나쳐 버린 일들을 찾아
다시 시작해야겠어요.
이름 모를 새소리가 골골이 메아리져 갑니다.
안녕.
나의 모든 것으로부터 멀어져야겠지요.

- 1981년 5월 31일 14시 32분
  두륜산 마루턱 풀밭에서

편안한 마음으로 안길 수 있었습니다.
흠칫 놀라 일어났을 때에도 조금도 변함없었고요.
찾는 모두를 포근하게 어루만지고 감싸주는가 봅니다.
맨 처음 찾던 겨울에도 이토록 아늑하고 정다웠으니까요.
발밑에 닿아 떨리는 목소리
쉼없이 속삭여줬어요.
부드러웠다가 아늑하였다가
때론 신비한 떨림으로 잠재워주고
그리고는 그렇게 깨워도 주고요.
뒤로 하고 떠나 오기 싫었지만,
언제 다시 만날 수 있을까 두려워 차마 오기 싫었지만,
그는 점점 멀어져만 가고
지금 이 순간에도 함께 있던 그 시간
그 고요한 떨림과 숨소리가 떠나질 않습니다.
이런 안타까운 마음에 조용히 손짓하였어요.
멀도록 아주 멀도록 가슴 속으로만 애태웠겠지요.
바라볼 수 있는 높은 곳에 올라갔을 때에도
슬퍼하지 않는 듯하였는데
그곳마저 떠나려 할 때 마침내 슬픔을 감추지 못하더군요.
끝없이 펼쳐진 장막을 거두어
그 모습을 가리우고 말았거든요.
끝내 울지 않으려 슬픔을 보이지 않으려 몸을 숨겼으나

보았지요.
반짝이는 구슬 같은 눈물을……
그래도 오래도록 슬퍼하지는 않았어요.
그곳을 떠나 모습이 보이지 않게 되자
가리웠던 장막을 걷고 있었으니까요.
밤새워 찾았던 길 밤을 달려 돌아왔습니다.
함께하였던 공간 그 시간들이 꿈처럼 아련하기만 합니다.
언제나 가고 싶었던 곳
늘 그리던 모습.

善, 바다는 영원한 마음의 고향이 될 수 있을까요?
부서지는 햇살 그 속으로 다시 녹아버리는 물거품
가슴에 가득하던 모든 것들이 눈처럼 녹아 사라지고
모르게 바위 틈에서 잠들고 말았습니다.
이끼 낀 바위에 부딪쳐 내는 신비한 소리.
바위 틈으로 흘러 들어왔다 나가면서 내는 그의 속삭임.
海風이 불고 햇살이 따가운 바닷가 언덕 바위 위에서
꿈 하나 꾸지 않고 잠들 수 있었음은
그런 그의 포근하고 아늑한 어루만짐 때문이랄까요?

莞島에 갔었어요.
알 수 없이 가득한 응어리를 버리려

밤 새워 완도를 찾았습니다.
鉉淑氏도 만났고요.
중학교 선생님이 되어서 그런지
조금 다른 모습을 볼 수 있었습니다.
여자가 되었다고 할까요?
차분하고 조용한 모습이었어요.
완도의 바다는 찾아가면 볼 수 있겠지만
鉉淑氏는 다시 보기 어렵겠지요?
모임에서 처음 완도를 가자 했을 때 전날 청주에 갔었지요.
善榮을 보고 돌아오며
다시는 볼 수 없겠다는 느낌을 받았었는데
완도에서 돌아오며 또다시 그런 기분으로 답답하였습니다.
몇 번 만나지 않았지만
오랜 친구를 떠나보내는 느낌이었습니다.
다음날 아침 완도를 떠나 海南 大興寺를 찾았습니다.
울창한 숲과 산이 병풍처럼 감싼 전형적인 모습이지만
산세가 특이해서 어쩐지 이끌리는 곳이었습니다.
두륜산에 오르면 안으로는 대흥사가
밖으로는 남해가 펼쳐집니다.
그토록 멀기만 하던 완도도 손을 뻗치면
잡힐 듯 가깝게 보였습니다.
산마루턱 풀밭에 앉아 구름에 가리어 보이지 않는 완도와 바다를 보다가 조용히 일어섰습니다.
내려다보이는 집과 밭, 실처럼 늘어진 길들이
언제까지나 남의 나라 땅이 아니었으니까요.
운이 좋았는지 산을 내려오는데
먹구름이 몰려오면서 산마루를 감싸며 지나갔습니다.
산길은 하얀 찔레꽃 향기로 그윽하였고
다 내려왔을 때는 해가 나 있었습니다.

善, 지난 겨울부터 편지하려 했지만
좀처럼 펜이 잡혀지질 않았습니다.
펜을 잡으면 움직여 주질 않았고요.
다른 것과 모두 멀어진 자신을 발견할 수 있었고
그에 충실할 수 있었습니다.
본래의 모습으로 돌아오자 어렵고 불안함은 여전하군요.
겨울과 봄 무엇을 하였나 기억나지 않지만,
집을 떠나 자연과 함께 하면 나을까 하여 떠났는데
너무 짧은 기간이었습니다.
善은 어떻게 지내셨나요?
늘 생각하면서도 연락 자주 못 드린 게 걸렸는데
이제야 마음이 놓입니다.

지난 봄은 너무 야속했던 계절이었어요.

비 오는 밤의 싸한 라일락 향기도
찬란한 봄날의 牡丹도
향그런 아카시아도
떨어지는 꽃잎이 눈처럼 쌓이는 佛頭花도
가까이 있어 주질 않았거든요.
찾아온지도 모르게
머물러 있는지도 모르게
그리고는 가버렸습니다.
그 떠남마저 모르게요.
아주 멀리서 세상을 보았음 합니다.
세상의 참된 모습과 그 속 자신은 어떤 모습이고
역할은 어떤 것인지요?
살다 보면 짧은 게 인생이라는데
어느 곳에 마음을 쏟으며 살아야 할까요?
깊숙한 절간 스님이 거처하는 뒷방 툇마루 위에
달랑 앉아 있는 Color TV를 보고는 쓸쓸한 미소를 지었지요.
인간은 자신이 이룬 문명에 빠져
이젠 헤어나질 못하는가 봅니다.
어느 것 하나에도 마음과 정열을 빼앗기지 못하고
이것 저것에 휩쓸려 자신의 마음이면서도
자기 마음대로 못하는 나약한 존재인가 봅니다.
어느 처연한 곳이 있으면 나아가 살고 싶습니다.

쓸쓸한 듯하지만 그 속에 자연스런 모습이 있을 테니까요.
구름이 흐르고 바람이 불고 물가엔 꽃이 피어 한적한 곳.
어느 누가 자기만큼 자신을 사랑해줄까요?
사는 동안은 불꽃처럼 자신을 태워 모든 정열을 쏟으며 살고
죽음 앞에 섰을 때는 佛頭花처럼, 牡丹꽃잎처럼 '뚝뚝'
떨어져 버리라는 어느 스님의 말씀이 떠오릅니다.

너무도 많은 것이 변하고 있습니다.
그 변화는 저의 변화도 요구하고 있지만
쉽게 절 버리고 싶지는 않네요.
오래도록 지키고 싶습니다.
恩도 많이 변한 것 같아요.
환경 차이 때문인지 서로의 인식이 달라서인지
멀리서 지켜보는 제 자신이 답답하기만 합니다.
그 여름에 그의 말대로 하지 못한 것이 후회스럽기도 합니다.
갈망하던 것을 이루고 났을 때의 허무감과
오랜 체념에서 생겨난 무감각은
어느 것이 더 고통스러울지요?
창문을 열면 어두운 저 너머에서
초여름의 깊은 향기가 밀려옵니다.
빨간 장미의 계절, 태양이 뜨거워지는 계절.
새로운 세상, 새로운 삶.

눈에 들어오는 모든 것이 새로워지는 것 같습니다.

善, 오는 6월 7일 서울에 갈 것 같습니다.
작년 이맘때 군에 간 후배 하나가
국립묘지 동편 기슭에 조용히 잠들어 있습니다.
눈에 우수가 가득하고 소박한 미소를 짓던 녀석이었는데
말없이 우리 곁을 떠나더니
말없이 보이지 않는 모습으로 돌아왔습니다.
못난 선배가 찾아가 잠깐이나마 벗하려 합니다.
그리고는 江華島에 들를 것 같습니다.
대학생활 중 가장 잊지 못할 곳,
그 강화도에 들러 지난 일들을
조금이라도 돌이킬 수 있었음 합니다.

- 1981년 6월 1일 22시 37분

"運命이란 피할 수 없는 것이 아니라
眞實로 피할 수 있는 것을 피하지 않음이 運命이니라"

靑馬의 노래는 諦念에 빠져 있던 날
늪에서 헤어날 수 있게 해주었습니다.
앞길에 놓여 있는 삶의 모든 問題는
피할 수 없는 運命이 아니라
피하지 않고 스스로 부딪쳐 헤쳐 나아가야 한다는 것으로
삶에 대한 愛着을 찾게 하였습니다.

淑,
기다림으로 諦念을 배울 때가 있을 겁니다.
그리움에 목 메일 때가 있을 겁니다.
그리고 언젠가는 사랑으로 孤獨할 때도 있겠지요.
기다리는 안타까움과 그리워하는 애달픔
그리고 사랑하는 苦痛은 그 순간을 不幸하게 할지 모르나
먼 훗날 한 발짝 한 발짝씩 디뎌 온
自身의 삶을 돌이켜 볼 때면
한 人間이 이 世上을 살아왔다는 確信과 함께
조용한 기쁨과 알 수 없는 幸福을 느끼게 할 겁니다.

사랑한다는 것은

누군가를 사랑한다는 것은
정말 좋은 일입니다.

- 1981년 8월 5일 9시 23분

포근하고 아늑하니 빗소리가 무척 좋네요.
비는 언제나 포근하게 감싸주었죠.
메마른 땅을 적셔주는 봄비는
방바닥에 귀 대고 있으면
땅 속으로 스며드는 물소리가 들렸고요.
오월에 내리는 비는 향기로운 아카시아 내음을 적셔왔어요.
번개와 천둥이 섞여 온 밤 내 퍼붓는 장맛비는
무섭고 두려웠지만
이내 잠들게 하고 이내 깨우기도 했지요.
가을에 내리는 비는
마른 잎에 떨어지며 내는 소리가 좋았어요.
이슬처럼 차갑지만 맞으며 걸어도 좋았고요.
겨울에도 비는 오지만 소리는 들리지 않아요.
밤에 내리면 날이 밝아야 알게 되지요.
겨울비 내리는 소리 들어본 적 있나요?
빗소리는 같은 것 같지만 언제나 다른 소리예요.
땅에 닿는 소리
지붕 위에 떨어지는 소리
마른 잎을 덮는 소리
그리고 마음을 감싸는 소리
이런 계절에 특히 이런 밤에 비가 내리면
울적한 마음을 더욱 격하게 하지요.

그리움과 기다림에 지친 마음을 체념으로 바뀌게 한 것도
저 비였지요.
마음을 격하게 해놓고는
부드러운 손길로 감싸고 어루만져서
이내 잠들게 하지요.

저 비를 보고 있나요?
빗소리에 귀 기울이고 있나요?
밝아 오는 내일을 위해서
어쩌면 당신은 잠들어 있을지 모르겠네요.

이 가을이 좋은가요?
스산하고 차분한 이 계절을?
밝은 색채로만 채워지지 않겠지만
산도, 들도, 호수도, 바람 부는 바다도
아름다워요.

빗소리가 다시 커졌어요.
이젠 저 빗소리에 잠들어야겠어요.
당신은 밝아올 내일을 위해 잠들겠지만
저 빗소리가 멈추지만 않는다면
영원히 깨어나지 않기를 바라며 잠들겠어요.

깨어나지 않는다 해도 영원히 꿈꿀 수 있지요.
쓸쓸한 바닷가도
구름이 빠져 있는 호수도
그리고 영원한 당신도 현실처럼 볼 수 있어요.

노을이 보고 싶어요.
검푸른 보랏빛 어둠이 밀려오고
바람결에 머리카락 날리며 작은 언덕에 앉아
발 아래 파도가 밀려와 부서지면 더욱 좋고요.

이 가을엔 아니 오늘 밤 꿈엔
그곳에 가야겠어요.
혼자서는 너무 쓸쓸할까요?
이 밤은 내내 비가 오려나 봐요.

- 1981년 8월 30일 23시 17분

가을

태풍이 지나간 새벽하늘이 황홀합니다.
맞닿은 산등성에서 햇살이 쏟아지고
무섭도록 찬란해서 눈을 돌립니다.
새벽 공기는 가슴을 파고들고
스산한 바람이 재촉하네요.

계곡에 물이 넘칩니다.
흐르는 물에 가쁜 숨 적시고 나니
당신이 있는 곳으로 햇살이 뻗어가네요.
수줍고 부드러운 정말 새로운 모습입니다.
마음속 자리 잡고 있는 그 무엇처럼……

이젠 잠에서 깨어났나요?
눈부신 햇살에 눈뜰 수 있었나요?
저 건너 계룡산이 성큼 다가섰고
곱게 단장한 신부처럼 깨끗합니다.
그 위엔 한 점 구름
가을로 접어들었나 봅니다.

가을엔 누가 찾아주려나요.

가을엔 마음 졸이며 기다립니다.

가을엔 설레입니다.

가을엔 편지를 쓰지요.

받아줄 이 없어도 보내고 싶으니까요.

또다시 가을로 가득하겠네요.

계절이 깊어지면 외로워지겠지요.

지금은 당신 창가에 머물러 있지만

내려가 집에 닿으면

머무는 곳도 햇살로 눈부시면 좋겠습니다.

- 1981년 9월 4일

빗소리

오월 훈풍이 불어요.
하늘 저 너머로부터 살랑이며
살폿한 기억 풋풋한 향기를 싣고

단비도 내려요.
어디에서라도 포근한
餘音 들려주는 비가 내려요.

멀리서 개구리 소리가 들리네요.
단비에 젖은 개구리들이
즐거이 합창하는 밤이 정겹네요.

이 비가 멎고 나면
이 밤이 지고 나면
아카시아 만발하겠네요.

벅차도록 충만된 아름다움
낭만시대 어느 음악보다도
빗소리는 아름다워요.

- 1982년 5월 12일 23시 41분

꼬마처럼 깜찍하던 코스모스들이 시들어 허전한 들길에
붉게 물든 낙엽이 쌓여가는군.
소소한 바람에 하나, 둘, 셋
계절이 깊어 이젠 단풍마저 시들어버려 놀랐지.
벌써 가을이 깊었나 하고.

꼬마는 무엇을 하느라 바빴을까?
어젠 기차도 타지 않은 모양이지?
엽서도 한 장 없고……
갑자기 가을이 보고 싶어졌지.
돌아오는 일요일에 말야
꼬마도 안내하고 싶은데 나올 수 있을까?
어제 기차에서 만나 말하려 했는데 내가 찾질 못했어.
토요일 저녁(19시 30분)에 전화해주던가
아님 일요일 아침에 大田으로 나와요.
편지는 하는 일이 바빠 못 썼으니까.
그날 조금 할 수 있을 거야.
가을을 보며……

October 31, 1982. AM 10시 00분
대전역 앞 시계탑
지난여름처럼 귀엽게 하고 나올 것.

- 1982년 10월 28일
裡里에서 雲影

드높은 하늘, 화안한 햇살, 맑은 공기, 시원한 바람
가을은 이렇게 찾아왔다가
앙상한 잿빛 너머로 쌓이는 갈색 무덤 속으로
사라져 가는 것인지
그 곱던 나뭇잎은 떨어져 촉촉이 이슬에 젖어 흩어져 있네요.

아침 안개 계곡을 감싸고
한적한 마을에서 피어나는 연기가
들녘으로 퍼져나가는 이 아침은
저 구름만큼이나 우울하네요.
달리는 車窓 밖으로 쓸쓸한 감상만 던질 수밖에요.

지난 저녁엔 별빛이 쏟아지는 철길 위에 서보았어요.
수십만, 수백만 년 전에 저 별을 떠난 빛이
이제서야 내 머리 위로, 내 눈 위로 쏟아져 들어오네요.
저 별이 아직 빛을 발하고 있을지 알 수 없어도
그 먼 아득한 옛날의 찬란한 모습을 보고 있다는 신비스러움.
(별빛은 변함없는데 그 별을 바라보는
이 마음은 볼 때마다 감상이 달라지네요)
내 모습이 저 빛처럼 宇宙를 돌아
다시 이 자리에 쏟아질 때면 나는 이 자리에 없겠지요.
이 철길도, 驛숨도, 저 별빛도 그리고 우리 꼬마도……

나를 祖上이라 생각하지도 않을
우리의 먼먼 후손이나 볼 수 있을까?
어쩌면 이 지구마저 사라졌을지도 몰라요.

어둠 속에서 환한 창문들이 달려와
긴 여운을 남기며 자취를 감추면
이 들판은 또다시 고요 속에 잠겨 드네요.
그 너머 어디에선가 들리는 벌레 소리는
발걸음을 멈추게 하지만
아쉬움을 떨치며 차에 올랐어요.
자동차 불빛에 환해졌다가
차가 지나면 다시 까매지는 밤길에
가득 아쉬움 남기고……

꼬마는 보았을까요?
헤어지던 저 지난밤
안개비가 내리는 수은등 아래에서
오래도록 서 있었어요.
푸르스름한 빛 사이로 안개비가 날려
동그란 무지개가 피어나고,
그 빛을 바라보는 눈가에도 무지개가 서렸지요.

이 가을엔

겨울이 밀려오는 이 늦가을엔

쓸쓸함과 외로움으로 가득해요.

두툼한 외투를 걸치고 햇살이 스미는 창가에 있거나

낙엽 뒹구는 거리를 거닐어도

어쩌다 이슬비라도 내리면 더 허전했어요.

계절이 쓸쓸한 것인지, 이 마음이 쓸쓸한 것인지 모르겠네요.

꼬마 아가씨,

내게 애인이 생겼냐고 물었지요?

꼬마는 애인이 무엇인지 알아요?

우리에게 애인이란

인생을 좌우할 수도 있는 커다란 문제예요.

언제나 즐겁고 밝으며 화사할 수도 어둡고 우울하며

고통과 고독한 나날을 보낼 수도

아니면 영원한 비극을 맞이할 수도 있겠네요.

그렇다고 어느 것이 더 행복한 것이라곤 말 못해요.

남들에겐 비극으로 보일 수도 있겠지만

자신에겐 더없는 행복일 수도 있으니까요.

꼬마에게도 애인이 생겨 사랑하게 되고,

사랑이 무엇인가 알게 된다면 내 말 알 수 있을 거예요.

꼬마를 처음 보았을 때 예의 바르고 귀엽고

밝은 소녀로만 느꼈는데
꼬마의 눈가에도 무언지 모르는 우수가 느껴져요.
골목으로 밀려드는 어둠의 그림자 같은……
알 수 있어요.
꼬마에게서 떠나지 않는 그림자가 무엇인지를……

어쩌면 꼬마는 내가 맛보지 못한 슬픔을
간직하고 있는지도 몰라요.
인간이라면 아니 우주에 존재하는 사물이라면
누구도 피할 수 없는 운명일 거예요.
맞이하는 시간이 다를 뿐.
그래도 꼬마는 고독으로 온 밤 잠 못 이루던 적은 없을 거예요.
아무리 잠을 청해도
아예 잠자리에 들기 싫을 정도로 고독한 적이 있다면
그런 밤엔 산다는 것도, 죽는다는 것도,
사랑하는 것도, 미워하는 것도
한낱 꿈에 불과하다는 것을 느낄 수 있어요.
그런 허망함을 느끼면서도 우리가 살아갈 수 있는 것은
알 수 없는 희망이라는 손에 이끌리는 한 작용이랄까?
그 보이지 않는 손은 종교를 믿는 이에겐,
신에게 나 같은 사람에겐 저 우주에 두는 거겠지요.
신은 인간을 구원하고 죄를 용서한다지만,

스스로가 자기 죄를 용서할 수 있는지 모르겠어요.

시간이 지나면 우리는 저 時空의 세계 속에 묻혀
하나의 티끌에 불과하겠지요.
땅에 묻히고 나면 흙이 되고 먼지가 되어
어느 풀, 어느 나무의 가지가 되고 잎이 되고
어느 생명체의 일부가 되듯이
내 몸속에도 이 우주에 존재했던 사람과 짐승과 풀,
나무의 일부가 섞여 살아가는 것이지요.

꼬마 아가씨,
이런 생각은 그만하기로 했는데 또 하고 있어요.
지난날 사랑이 무엇인지 알려고 했을 때
오래도록 고민한 내용인데요.
그런데 꼬마는 왜 내게 애인 얘기를 했을까?
좋아했던 오래도록 좋아했던 그 이야기를 해주지요.
그렇지만 이 글에선 할 수 없어요.
시간 내어주면 발 아래 강이나
바다가 보이는 곳에서 해줄게요.

며칠 사이에 내 20대를 결정지어야 해요.
회사 일을 위해 일본으로 떠나느냐

아니면 공부를 더 하느냐.
2~3년 내 돌아오지 않는 긴 출장인데
3년이 지나면 꼬마는 어른이 되어 있겠네.
꼬마 아가씨 말대로 이 가을엔 사랑할 사람 찾으려 했어요.
쉬운 일이 아니네요.
누가 변했던 단순함을 잃어버리고 말았어요.
언젠가는 결혼도 하겠지.
어떻게 결혼하냐고?
여자와 하는 거 아닌가?
애인이 아닌 아가씨하고 말야.

꼬마 아가씨,
날 더 괴롭히려면 말없이 있고 그렇지 않다면 약속해요.
재미있는 옛날얘기 해줄 테니까.

- 1982년 11월 6일 14시 17분

서울의 거리는 밤이 깊어갈수록
방황하는 청소년들로 약간 살벌하기까지 했어요.
종로의 어수선한 밤길을 걸어
자정이 넘어 창경원에 들어갔지요.
높다란 돌담 덕에 자동차 소리가 한결 줄어서인지
고궁의 어둠 저쪽에선
잠들지 못한 새소리가 간간 들려왔지요.
사람처럼 동물 가족들도 모두 잠에 빠져 있어서 조심조심.

새벽은 일찍 찾아오더군요.
새벽 다섯 시에 산책 나온 사람들로 날이 밝았구요.
먼동이 트고서야 창경원 담과 나란히 한
秘苑(창덕궁 후원)의 문을 통해
보통은 들어갈 수 없는 시각에 비원엘 들어갔어요.
李方子 女史가 기거하시는 낙성대 뒤로 해서
각각 높이가 다른 어느 건물 복도를 통해
사슴들의 사열을 받으며 서울 한복판 깊숙이 감춰져 있는
비원의 약수터에서 예전 임금이 드시던 약숫물을 마셔 보고
흐르는 물에 얼굴도 씻고 했더니
어지럽던 머리가 맑아지더군요.
서울 시내 한복판에 꿩이 숨어다니고
다람쥐가 뛰노는 공원이 있다니 정말 신기했어요.

고종의 어마차와 자동차, 명성황후의 자동차도 있어요.
시간이 모자라 구석구석 다 보지 못하고
다시 쪽문을 통해 비원을 나와
해가 떠오른 창경원 높은 대문을 걸어 나왔지요.

지난 일요일은 창경원서 밤을 지낸
이상한 날이 되고 말았네요.
눈이 오면 다시 가기로 했어요.
後苑답게 많은 정자와 연못, 숲이 우거져
호젓이 시간 보내기 좋은 곳이더군요.
마음대로 구경할 수 없는 곳이긴 하지만요.

꼬마 아가씨,
시간이 빨리 지난 것 같아요.
안타깝고 우울한 이 계절도 거의 다 지나버렸고,
이 한 해마저 마무리할 때가 되었네요.
꼬마도 몹시 안타까울 거예요.
괴롭고 지겹던 학창시절도 보내고 나면 아쉽거든요.
정리를 잘하여야 될 거예요.

꼬마 아가씨,
오늘은 미안한 말을 하게 되었어요.

지난번에 약속한 일, 내가 취소해야겠어요.
21일 아주 중대한 일이 있어서 나갈 수 없게 되었네요.
21일 약속은 다음으로 미루기로 해요.
그 대신 토요일(20일)에 만났음 해요.
토요일 오후에 만날 수 있을까요?
토요일에 만나 그동안 했던 엉뚱한 행동 조금은 설명할게요.
정말 미안해요.

November 20, 1982. 14시 30분
Bakery Eiffel

- 1982년 11월 17일 9시 38분

지난밤 내내 내리던 비만큼이나 가슴 아파요.
차창 밖으로 떨어지는 빗방울은 더욱 그랬구요.
차가운 겨울비를 맞아본 적 있나요?
겨울비는 눈이 녹아내리기 때문에 눈물이라고 생각해요.
별빛을 머금고 떨어지는 누군가의 눈물이라고……

할 수 있는 최선을 다하려 했고
그만큼 노력했으니 아쉬움은 없어요.
꼬마 몰래 기차 타고 黑石里에 갔던 일,
돌아오며 쓸쓸히 미소 짓던 일,
꼬마를 보려 일부러 철야 근무를 하고 기차를 탔고
그리고 만난 오늘.
친구들의 웃음을 무시하며 기다려서는
약속을 얻어내려 했던 일,
무엇 때문에 그랬는지 조금은 생각해 보았어야 했어요.
정성을 쏟고 있는데 상대가 몰라주거나 무시해버린다면
그보다 가슴 아픈 일은 없을 거예요.

꼬마를 만나게 된 것이 지난 8월 29일.
우연히 비친 모습이 천진스럽고 귀여웠어요.
상냥함은 더욱 마음에 들었고요.
오빠를 찾는다는 건 자연스럽게 다가가기 위한 핑계였지요.

(이것은 꼭 사과하고 싶었어요)
만나서 이런저런 얘기는 못했지만,
그 짧은 만남에서 불을 지피기 시작했나 봐요.
그렇지만 망설일 수밖에 없었어요.
꼬마와의 그 칠 년이라는 시간이 둘 사이엔
그렇게도 먼 것이었나 봐요.

십 년 동안 한 소녀를 좋아했어요.
지금은 少女가 아닌 淑女이지만 그를 생각하면
처음 만나던 모습 그대로의 소녀로만 여겨지네요.
소녀와 소년으로 마주한 기억을 간직하며 다투기도 하고
말 없는 싸움도 하며 때로는
오래도록 만나지도 못하는 곡절을 겪으면서
서로를 지켜보았어요.
내겐 언제나 그때의 소녀인데 그는 나보다 빨리 어른이 되었고
나보다 앞서 생각하고 있었어요.
한 살 아래인 그가 한 여자로 내 앞에 섰을 때의 당혹감이란
표현하기 어려웠어요.
그 여름 내내 그리고 지금도 그 당혹감을 떨칠 수가 없어요.
손 한 번 제대로 잡아준 적이 없거든요.
여자로 다가왔을 때 당연히 남자로 그를 맞아야 했건만
그러질 못했어요.

용기가 없어서가 아니라 두려웠기 때문에요.

사랑은 확신할 수 있었어요.
그 여름과 가을처럼 행복했고 즐거웠던 계절은 없었어요.
그에게서 처음 편지 받던 오월을 빼고는……
그렇지만 어떻게 그리되었는지도 모르게
다시 만날 수 없게 되었어요.
사실 아주 소박한 바램이었는데,
그 바램이 하찮은 자존심으로 나타났었나 봐요.

누군가를 생각하고 그리워하는 것처럼
괴롭고 고통스러운 일도 없을 거예요.
몇 날을 밤새워 편지도 써보고
이름 모를 골짜기를 헤매는 나날이 많았지요.
오직 그 하나만을 위해 고독했고 외로웠기에
그 순간들을 행복해했고
내 첫사랑에도 최선을 다하려 했어요.
서툴고 어려워서 맺지 못했지만, 꽃은 피울 수 있으니까요.
그가 한 살 아래인 까닭에 몹시 조심해야 했어요.
만나면 늘 가슴이 떨렸지요.
처음 만났던 날부터 그 마지막 보던 날까지……
마주하게 되면 언제나 가슴이 떨려 막 얼버무리고 그랬네요.

그 버릇이 아직 남아 처음 만나는 사람 앞에선
엉뚱한 행동을 하곤 해요.
그를 만날 땐 늘 처음 만나는 사람 같았으니까요.
그것이 그의 매력이었나 봐요.
(그와 나, 서로 헤어진다는 말은 없었어요.
그저 서로로부터 멀리 달아날 수 있는 시간을 갖도록
오래도록 만나지 않고 있는 거였어요.
지난봄 그가 대학을 졸업하던 날 친구를 통해
편지를 전했을 뿐이에요)
마음의 창문을 닫아버린 작년 가을부터
친구 말고는 만나질 않았고 관심도 갖지 않았어요.
친구마저 당분간은 만나지 않으려 했으니까요.
이제 나이가 더해간다는 생각이 들기 시작했고
지난여름이었나 봐요.
친구와 그의 애인이 앞에 다정하게 앉아 있는 모습을 보고는
어떤 동요가 일기 시작했어요.
새로운 사랑을 찾아 창문을 열어야겠다고……

꼬마가 한 살만 더 많았다면
편히 마음속 말을 전하였을 거예요.
뛰듯이 대전으로 달려와 기차를 타고
꼬마 앞에선 엉뚱한 얘기만 하고 마는

답답함이 이런 고통으로 싹이 자랐나 봐요.
요 며칠 아니, 지난 몇 주 동안 몹시 아파서 고통받고 있어요.
몸보다 마음이 아프니 의사 선생은
아픈 곳이 없다고 할 수밖에요.
난 아파 죽겠는데……

꼬마가 하는 모든 말과 행동이 옳다고 느끼면서
그런 꼬마가 더욱 대견스러웠어요.
설령 마음에 없는 말일지라도
꼬마의 행동을 탓하기보다는 칭찬해주고 싶어요.
그랬기에 낄낄대는 친구들의 눈총도 무시할 수 있었고,
가슴 깊은 곳에서 치미는
한 가닥 자존심도 억누를 수 있었어요.
아직 사람 보는 눈이 좋다고,
마음의 눈이 아직 착하다고 위안하며
다시 裡里로 갈 수 있었어요.
잠 한숨 못 자고 아침 점심 다 굶었지만,
공허하지 않았어요.

이 고통에서 조금이라도 빨리 벗어나고 싶어요.
회사 그만두고 대학원 가려 했지만 일본에 갈까 해요.
한두 해 지내며 새로운 세계도 보고

마음도 새로 가다듬으면 어떨까 하는 생각이 들더군요.
그렇게 되면 마음의 창은 당분간 더 닫아두어야겠지만
난 착한 사람을 얻고 싶어요.
그러려면 내가 착해야 되는데 요즈음 신경질이 많아졌어요.
바보나 하는 짓인데……

지난가을 이런 생각을 했어요.
눈 오는 山寺에서 꼬마 아가씨에게
밤새워 내 얘기를 해주겠다고.
실비가 오시는 날 가랑잎을 모아 불을 지피려 하지만
겉은 타지 못하고 속만 타니 누가 알까요.

美子,
이 밤 눈이 내리나 봐요.
비에 젖어 타지도 못하는 잎새 찬 기운에 떨며
어디론가 떠나야겠어요.
부는 저 바람을 타고요.
날이 밝아온 세상이 하얀 눈으로 덮이거든,
꼬마는 아무 일 없었다는 듯이
첫 발자국을 남기며 길을 나서요.
그리고 즐거운 계절 기쁜 시간을 맞도록 해요.

美子는 종교를 갖고 신앙생활을 하고 있지만
난 종교를 믿지 않아요.
그렇다고 神을 부정하는 것은 아니고
자연스럽게 우리 전통과 정신을 지키려 해요.
인간이 죽으면 심판을 받고 어디로 가는지 스스로 깨우쳐
해탈의 경지를 찾아 열반의 세계로 가는지 알 수 없지만,
육체는 이 우주에서 영원히 소멸할 수 없는 이상
새 생명의 탄생도, 그 생명의 멸망도
하잘것없는 일에 불과하다고 믿어요.
시간과 공간의 어느 좌표에 잠시 나타났다 사라지는
여름밤 반딧불이 같다고 할까.
무한히 작고 무한히 큰 우주의 저편 어느 곳엔가는
완전한 자유 참된 진리가 있는 세계가 있을 거라고
난 믿고 싶어요.

마음이 가난한 자는 복이 있다는 것도,
마음이 공허해야 해탈의 경지에 들어갈 수 있다는 것도
다 옳은 말이겠지만 예수의 사랑과 부처의 자비가
세상에 가득하라고 외치는 사람들 거의가
구원받을 수 있다고도,
해탈할 수 있다고도 생각되지는 않아요.
구원과 해탈은 입으로 되는 게 아니거든요.

믿기만 하면 구원받을 수 있을까요?
인간의 행복은 교회의 높은 첨탑 위에
사찰의 깊은 법당에 있는 게 아니라 소란스럽고 고통스럽고,
보기에 불행한 듯한 삶 바로 곁에도 있거든요.

美子,
내 작은 방에 음악이 흐르고 있어요.
이렇게 오래도록 편지 써보는 것도,
이토록 오랫동안 음악 듣는 것도 무척 오랜만이네요.
美子가 나를 비쳐 볼 수 있는 거울이 되도록
조용히 몰래몰래 다가가려 했지만,
저 작은 등불도 끄고 창문도 닫고
살며시 지폈던 모닥불도 끄려 해요.
쓸쓸한 듯하면서도 감미로운 음악이 끝나면
잠들어 있을 거예요.
꿈 하나 꾸지 않으면서……

아! 며칠 전 꿈에서 꼬마가 보내준 편지를 받았어요.
그렇지만 내용이 슬퍼서 밤새도록 애태웠어요.
꿈은 역시 아쉬운 건가 봐요.
죽음은 꿈 하나 꾸지 않고 자는 잠이라고 했으니
이 밤은 그 죽음에 입 맞추어 볼까요?

P.S. 안주머니에 어제 받은 연말 보너스 봉투가 그대로 있었어요. 사랑하는 사람을 위해 선물을 사고 싶다는 생각이 간절했지만 그대로 어머니께 드리고 말았지요. 선물 받을 사람이 없으니까요. 언젠가는 이런 고독에서 벗어날 수 있을 거예요. 내 마음의 창이 언제까지고 굳게 닫혀 있지는 않을 거니까요. 달이 밝은 밤 흰눈이 내린 자작나무 숲을 걷는다는 꿈도 결코 포기하지 않을 거구요.

- 1982년 12월 12일 23시 50분

나지막한 산마루 소나무 위로 빛바랜 태양이 떨어진다.
하루 해가 저물고 있다.
오늘은 종일 차 안에서 지내고 있다.
이른 새벽 아파트를 출발해서부터 벌써 열네 시간이 지났지만
아직 한 시간은 더 달려야 오늘 일을 끝낼 수 있을 것 같다.

서울은 올라갈 때마다 변하고 있다.
새로운 것
신기한 것
재밌는 것
그리고 보기 민망스러운 것.
서울은 내 사는 곳보다
늘 두어 걸음 앞서 변하고 있다.

- 1983년 4월 4일 월요일 맑음

파아란 하늘, 맑은 공기, 부드러운 햇살 그리고 달콤한 향기,
모란이 피면 설레어 기다리는 오월이 무르익어 갑니다.
오월 빗속에서 안타깝게 돋아나던
아카시아 여린 꽃잎이 막 피어나네요.
달콤하고 부드러운 향기.
오월이면 그 향기에 취해 살지요.
오월이면 꿈속 같은 그 속을 거닐곤 하지요.
올해도 어김없이 찾아온 오월 그리고 그 향기

아마 5학년 때였을 거예요.
활짝 열어젖힌 교실 창가로 맑은 햇살이 지나고
나른한 오후 산들바람이 불어오자
교실 바로 옆 담장으로 서 있는 아카시아 나무에서 토해내던
감미롭고 달콤한 향기에 넋을 잃고 수업 내내 향기에 취해
어쩔 줄 몰라 했지요.
그 후부터 이렇게 오월이 오면
아카시아 그늘에 앉아 향기에 빠져 잠이 들곤 합니다.
오월 밤이면 아카시아 향기를 잡으려 창문도 열어젖히고
비가 내려도 창문을 그대로 둔 채 잠이 들지요.
빗물에 녹아 흐르는 아카시아 향기는 더욱 감미롭거든요.
이른 아침 아무도 지나지 않은 골목에 발을 들이면
밤새 내려와 골목을 채워 향기롭던 그 향기.

오월엔 어쩔 줄 몰라 하며 아침 해를 맞지요.

사랑하던 소녀에게 밤새워 편지 쓰던 날도
언덕엔 하얗게 꽃이 피고
밤새 내리던 빗속에서도 향기 가득했지요.
그때 유난히 비가 많이 내렸어요.
처음 펜을 들던 월요일 저녁부터 펜을 놓던 그 주말까지
바람과 비와 향기가 넘쳤으니까요.
마지막 밤엔 번개와 천둥이 치며 소나기도 내렸지요.
몇 밤을 새워 쓴 최초의 긴 편지는
고통스럽고 어쩌면 불행한 내 사랑의 첫걸음이기도 했지만,
기꺼이 그 고통과 불행을 행복으로 받아들였고
결코 피하지 않았습니다.
책상 깊은 곳에는 그때 보낸 편지가 그대로 있네요.
며칠 후면 그 편지를 되돌려 받을 것이라 예견했었고,
이틀 후 오빠 손을 통해 내게 돌아왔지요.

그 순간부터 지난함이 곁을 떠나지 않았네요.
꼭 4년이 지나서 그는 한 여자로 내 앞에 다가왔어요.
기쁨과 놀라움, 충격적이기도 했던 그의 행동에 머뭇거리고
망설여야 했던 나 자신을 몹시 질책도 했지만,
그날까지 그려 온 내 가슴엔 처음 만나던 중2 초겨울

깜찍하고 눈이 맑은 계집애로만 남아 있었기에
어쩔 수가 없었어요.

그 애는 꿈에 무척 자주 찾아왔어요.
꿈속에서 만나면 늘 상냥하고 미소 띤 모습이었고,
풀솜처럼 보드랍고 달콤한 아이였어요.
그 애와 처음으로 꿈속에서 입 맞추던 날,
잠에서 깨어 조심스레 일기 쓰던 기억이 납니다.
가슴 뛰던 순간을 어떻게 적어야 할지 몰라 망설이며
잠에서 깨어난 것을 못내 아쉬워했지요.
그러면서도 손 한 번 잡아보지 못했고,
사랑한다는 말도 제대로 한 적이 없네요.
어느새 성숙한 여인이 되었지만
나에겐 그냥 그날의 계집애였으니까요.

그래도 그 애에게 結婚을 請했었지요.
햇살이 따가운 어느 가을날,
단둘이 마주 앉아 떨리는 가슴으로 請婚을 했을 때
그는 조용히 微笑 지었어요.
承諾도 拒絶도 아닌 그 말을 했지요.
난 아직 아빠의 딸이야.
두 번 다시 묻지 않았습니다.

그도 그에 대한 言及을 다시는 하지 않았고요.
마치 마지막 만나던 날, 말없이 씩 웃고 그냥 돌아서 왔듯이
서로의 만남은 있었어도 離別은 없는 그와 난
우리의 만남만을 肯定하고 헤어짐은 許諾하지 않았지요.

아직도 내 마음은 가슴 아픈 그 기억을 떨치지 못하고
오월이 오면, 이렇게 찬란한 태양과
달콤한 바람이 부는 이 계절이 오면 그 추억 속에 잠겨 있지요.
그 아이가 좋았어요.
까닭 없이 그냥 좋았지요.
그 애를 생각하는 것만으로도 행복했으니까요.

사랑했지요.
이 세상 모든 것, 아니 宇宙를 준다 해도 바꾸지 않겠노라고.
명랑하고 발랄한 모습을 좋아했어요.
제기도 잘 찼고 구슬치기도 잘했으며 태권도도 잘했거든요.
난 그 애의 여자다움을 더욱 좋아했지요.
밥도 잘하고 설거지도 잘했으며,
아기 보는 일을 특히 잘했거든요.
아기를 안고 어르는 모습을 보며
난 엉뚱한 상상을 하기도 했답니다.

그러나 그 모든 것들은 시간 속에 잠겨버렸어요.
그의 모습은 기억 속에서 점점 멀어져만 갑니다.
그는 점점 그의 어머니 모습으로 변해가고 있겠지요.
먼 훗날 길에서 마주쳐도 알아볼 수 없을 수도 있겠지요.
그래도 좋아요. 그가 아무리 변한다 할지라도
달리는 버스 창밖을 보는 척하면서 살며시 내 모습을 훔쳐보던
까맣고 맑은 눈을 가졌던 그날 그 순간의 계집애로
언제나 내 가슴에 남아 있을 테니까요.

이번 주엔 아카시아가 만발하겠지요.
가지가 온통 하얗도록 말예요.
난 그 숲속을 찾아가렵니다.
솔바람이 부는 그 속에 누워 산뜻한 향기에 취해
잠들고 꿈을 꾼 것처럼 아쉬움 속에 이 오월을 보내렵니다.
불행을 행복으로 느꼈고, 고통을 기쁨으로 알았으며,
사랑하면서도 사랑할 수 없었던
그 시간을 회한과 눈물로 씻어 바람에 날려버리지요.
호젓이 보내고 나서 현실에서의 사랑을 하려고 합니다.

어쩌다 거울을 보면서
조금씩 나이 들어가는 모습을 발견합니다.
늘 어린애처럼 철모르고

세상 모르는 어린아이처럼 살고 싶었지만
나이 먹어가는 것은 어쩔 수 없나 봅니다.
대학생활 내내 신입생이냐고 묻던
여학생 말에 무척 섭섭해하던 모습이 떠오릅니다.
2학년 땐 스무 살이 되기 싫다고 발버둥치던 일 하며
나이 먹는 걸 유난히 싫어했지만
이젠 서른 살 쪽에 더 가까이 서 있다는 생각과
하나둘씩 늘어가는 친구들의 결혼행렬을 지켜보며
쓸쓸한 미소를 던지곤 합니다.

친구들이 한발 먼저 결혼한다는 심란함보다는
어머니 등에 업혀 동네를 다니던 꼬마가 이젠 한 남편이 되고,
아기 아빠가 되어야 할 날이 되었다는 현실이
마음을 심란하게 합니다.
오늘도 친구 하나가 결혼을 했지요.
신랑 신부 앉혀놓고 흥에 겨워 술을 마시지만,
슬머시 빠져나와 아카시아 꽃가지 얻어 들고
향기 맡으며 있노라니 잘 아는 아주머니가 다가오셔서
조용히 물어보시네요.
친구가 장가가니 심란하냐고요.
고개를 저으며 아니라고 했지요.
나이를 먹으면 그 나이에 걸맞은

모습을 보여야 한다고들 하는데
이제껏 꿈속에서만 살았나 봅니다.
친구 신혼여행 보내고 나서 아카시아 향기를 맡으며
집에 돌아와 저녁 내내 이 이야기를 합니다.

그리고 또 하루가 바뀌고 새날이 밝아오는 새벽,
당신을 생각합니다.
당신을 보기 위해 토요일이면
같은 시각에 버스를 타지만 볼 수가 없네요.
당신은 정말 나와 인연이 닿지 않는 건가요?
보고 싶은데 그냥 이렇게 지내야 하는 건가요?
잘은 모르지만 가깝게 지낼 수는 있을 것 같아요.
당신은 꼭 오월을 닮았으니까요.
홀로 누워 있는 아카시아 숲속으로 온다면
계절의 여왕 오월을 당신에게 선물하지요.
내가 좋아하는 음악과 아카시아 꽃향기 모두를……

- 1983년 5월 9일 2시 00분
龍田洞 집에서

눈초리

정월 대보름을 향해 부풀어가는 달이
네 반쪽 얼굴을 하고 따라오네.
보름날 너와 저 달 중 누가 더 복스러울까?

늦게 오더라.
행여 언니한테 쫓겨나지 않았나 해서
한참 걱정했지.

스커트 차림이던데
얼마나 더 예뻐지려고 그럴까?
그래 맞아.
아기 티를 벗기 위해서라도 변신해야지.

나 어때?
좋아할 수 있을 것 같아?
늘 곁에 있어줄 수 있겠어?

어젠 정말 고마웠지.
동그란 눈으로 달래듯이 말하는데

내가 무척 불쌍하다는 눈초리였어.

에구, 어쩌다 요런 꼬마한테
밥 잘 먹으라는 얘길 듣는 신세가 되었나
서글퍼질 정도로 말야.

안아주고 싶었다.
한 걸음 더 가까이 다가선 것일까?
오늘 밤 네 생각으로 잠들 거야.
아침에 만나 인사하자.

- 1984년 2월 9일 21시 12분
裡里 Toll Gate를 지나며

보름달

正月 대보름달과 네 얼굴
누가 더 동그란가 했더니
동그란 것은 보름달
복스러운 건 너였네.

저 달에게 所願 빌었다.
항상 健康하고 명랑하며
내 그림자처럼
늘 곁에 있게 해달라고……

오늘은 무엇하며 지냈을까?
出勤하려고 서두르다가
네가 없다는 생각에
그만 落心하고 말았지.

출근하면 가보는 게 일이었는데
종일 허전했다.
이젠 눈총 주는 사람도 없을 테고
李主任도 계속 약 올릴까?

하루 종일 네 생각만 했다.
항상 볼 수 있는 모습은 아니지만
온 마음을 사로잡고
늘 생각할 수 있는 것으로 감사하고 싶어.
이렇게 네 생각에 잠 못 이루는 것도
정말 감사한 일이지.

깊은 잠에 빠져 있겠지?
밤이 깊어 갈 때는 내가 깨어 있으니
내가 널 생각하고
날이 밝으면 네가 깨어날 테니
그땐 네가 날 생각해줘.
왜 긴 한숨이 나올까?

- 1984년 2월 17일 1시 19분

오는 듯 마는 듯하더니 봄은 어느새 문턱까지 와 있었군요.
나비가 노닐고 종다리가 하늘 높이 솟아오르는 午後는
정말이지 나른하다 못해 졸음이 마구마구 밀려옵니다.
조금 있으면 개나리, 진달래가 산에 들에 가득하겠지요?
그런 만큼 善에게도 幸福이 가득하시고요.

善, 어제 전화했다가 結婚 소식 들었습니다.
祝賀 말씀부터 드리겠습니다.
얼마 전 善의 편지 받고
조금은 비관적이라는 생각을 갖고 있었는데
그 소식 듣고 한편으로는 몹시 놀랐습니다.
무언가 석연치 않은 일은 시간이 지나
서로를 알게 되면 이해되고 잊혀지리라 믿습니다.

善, 지난 설날에 꼬마 집에 갔었지만,
한마디도 하지 못하고 돌아오고 말았습니다.
제 말 들어줄 사람이 없어서 그렇게 되었는데
저로서도 답답한 시간이었습니다.
꼬마 어머니와 두 시간을 마주 앉아 있었지만,
서로 할 말이 많았을 텐데 꼬마가 없다는 이유로
끝끝내 제가 말을 꺼내지 못했습니다.
빠른 시일 내에 다시 가겠다고 마음먹었지만,

한 달이 다 되도록 가지 못하고 있습니다.
다시 가게 되면 제 스스로가 포기하는 일이
벌어질 것만 같습니다.
모든 생각에 앞서 그분들에게 어떤 슬픈 마음이 미치게 됨을
어떻게 설명하여야 좋을지 모르겠습니다.
좀 더 여유 있고 당당했으면 좋겠는데요.

그리고 善, 기쁜(?) 아니 답답한 소식 한 가지 더 전하겠습니다.
엊그제 恩과 通話를 했습니다.
지난봄 결혼한 줄 알았는데 친구가 잘못 알고 전했더군요.
그 친구가 알려주어서 통화를 할 수 있었습니다.
결혼한 줄 알고 제 결혼 서두르고 있던 터였는데……
꼭 10년 전 그에게 너 결혼하기 전까지
나도 결혼하지 않겠노라 다짐했었는데
그런 이유 때문인지 꼬마와의 일도
그 앞서 알던 사람과의 일도
이루어지지 않은 것인지요.
이번 주말에 집에 가서 전화하기로 했는데
뭐라 해야 좋을지 모르겠습니다.
실은 지난 구정 전전날 새벽,
꿈에 찾아와 아직도 결혼 못하냐고 놀려대서
어이없다고 투덜댔는데 이번에 만나면 너야말로

아직도 결혼 못했냐고 놀려줄까 합니다.

- 1985년 3월 21일
裡里에서 榮

지난봄 개나리가 만발했을 때만 해도
꼬마와의 일을 무척이나 樂觀的으로 생각하고 있었습니다.
다는 아니더라도 꼬마의 마음에서
그 折半은 갖고 있다고 믿었거든요.
그 봄이 다 가기도 전 낙관에서 不安
그리고 끝내는 悲觀을 넘어 諦念의 상태로 있다는 건
꼬마는 제치고라도 제 자신이 이해가 되질 않습니다.
어떤 구실을 갖다 붙인다 하더라도
責任을 대신할 사람은 없으니까요.
또다시 개나리가 피어나고,
벌판엔 노란 민들레꽃이 고개 든 모습을 보며
돌이킬 수 없는 시간에 끝없는 悔恨을 보냅니다.
봄비는 속살거려 남의 속만 태우고요.
세상에 있는 모든 것은 자기 마음까지도
자기 것이 아니라는 데도……

善,
지난 저녁부터 봄비가 내리고 있답니다.
언제 찾아와 언제 가는지도 모르는 봄을
재촉하기만 하나 봅니다.
지난 1일부터 課長으로 승진되었습니다만,
더 바빠지기만 하였습니다.

會社 바깥으로 다니는 일이 많아져
자리에 있는 시간이 별로 없었습니다.
편지나 전화라도 자주 드려야 하는데
여유를 내지 못하는군요.
그리고 한두 週間 몸이 좋지 않았습니다.
지금도 그렇지만 속이 몹시 불편합니다.
마음을 편히 하고 규칙적인 생활을 하여야 하는데
그러질 못하고 있습니다.
좀 좋아진 듯하여 음식 조심을 하지 않았더니
탈이 나서 또 조심하고 있습니다.

善,
結婚式엔 꼭 참석하고 싶었는데 그날 제가 집에 없으면
저 보고 찾아오는 친구들에 대한 예의가 아닌 듯하고,
제 일 다른 사람에게 맡기고 올라가기 난처하여
결혼식엔 참석하지 못할 것 같습니다.
정말 죄송합니다.
결혼 진심으로 祝賀 드리고
두 분 평생의 훌륭한 반려자가 되어
행복한 삶 누리실 거라고 믿습니다.
비 오는 오후 사무실 스피커에서
Bach의 管絃樂組曲이 흐르고 있습니다.

언제 들어도 新鮮하고 숙연해지는 음악입니다.
일요일 결혼이 진행되는 동안 멀리 있지만
善의 행복한 모습을 떠올리고 있겠습니다.
4월이 잔인하다고들 하는데 정말 그런 것인지요?
밖은 저리 꽃들로 가득하고 공기는 신선하고
大地는 生命의 活力으로 가득한 데도요.

善,
지난 일들을 모두 잊을 수는 없겠지요?
잊혀지면 잊혀지는 대로, 기억되면 기억되는 대로,
슬픈 일은 슬픈 대로, 기쁜 일은 기쁜 대로
모두 다 자기의 것이라 여기고
곱게 곱게 平生 가져가는 것이겠지요?
그리고 먼 훗날엔 그 속에 묻혀 다시는 깨어나지 않는 거구요.
여러 가지 애써 주신 마음
어떻게 감사드려야 할지 모르겠습니다.
늘 감사하는 마음 지니고 있으면서도
表現하지 못하고
이런 기회에 감사드리게 되어 무척 죄송합니다.
약소하지만 작은 花甁을 넣었습니다.
두 분이 음악 들으며 오붓한 시간 보내실 때
붉은 장미 한 송이 꽂아두시면 언제나 그 자리에 함께하겠습니다.

다시 한번 진심으로 祝賀드리고 내내 幸福하십시오.

- 1985년 4월 11일 14시 54분
裡里에서 榮

어리석은 마음

계절이 찾아와 꽃은 피어나고
계절은 다시 오는데
떠난 마음은 돌아올 줄 모르네.

돌이킬 수 없음을 알면서
돌아오지 않을 마음인 줄 알면서
퇴색한 자리에 무슨 미련을 두는가.

다시는 사랑할 수 없을지 모르나
생각하면 언제나 가슴 아파하며
잘못을 두고두고 후회하지.

그때면 고집부리지 말자
미워하지도 말고
가슴 아픈 일도 없도록 하자.

어리석은 마음에 바람이 지난다.

- 1985년 4월

* 과장님께 *

낮하늘의 별들이 자신의 빛을 발내기라도 하듯 더져입니다.
과장님께서 중국가셨는지도 얼주일이 되었군요
과장님께서 써놓으시고 가신 글 잘 읽었습니다.
근공에 우리는 피차 相面不知의 관계였지만 이 회사를 통하여 알게되오니
얼마나 것은 인연이었습니까? 라고 하신 말씀이 가슴이 약 당느껴져 있기에
대답하고 있는 말에 졸졸라리(?)다음의 외처럼 작은 글을 과장님께 써 봅니다.
먼저 저에 대한 이야기를 좀 하자면
대학 진학에 있어서 많은 문제를 겪고 짧아 이론들의 자유로움
사회를 매우 싫상을 배우기 위해 이 회사에 입사했습니다.
친구들은 이름없는 저울때도 잘 들어가고 자기 좋지않아도 점수에 맞추어
잘 들어가더군요.
하지만, 저는 그러지 못했습니다. 꿈과 대상이 너무 컸던 탓이죠.
그래서 선생님께 꾸중도 많이 들었죠.
하지만 제 고집은 지금의 저는 다음없습니다.
장한 했던 꿈도 이제는 어떤 대학 어떤 과면 어떠냐는 식으로 되었죠.
그래서 결국은 회사다니면서 공부하자는 결론이 내려졌답니다.
회사를 입사한지 한달도 채 못되었지만
많은걸을 생각할수 있는 편지이 되었습니다.
파일남은듯한 저들에게 나 밖에는 몰랐던 저에게
믿음, 상사를 생각하고 해동해야한다는것을 알았죠.
또, 고등학생으로 낮에 일하고 밤에 공부하는 아우이들의 내모 여러한
얘기에 나는 불평과 불만이 많았고, 의면이라는 울래로
세상을 잠시 살았다는 생각도 해보았습니다.
교과서적인 진정한 삶을 살지 못했다는 생각이 들어요.
저 이야기는 이만 줄이기로 하죠.
주위 사람들에게서 과장님에 대한 이야기도 많이 들었어요.
총대를 좋아하시고. 회사에 입사한지 4년만에 과장님이 되셨고
3대 독자 이시며 성격이 꿈꿈하고 세심하시며
군대식, 음악을 좋아하시고 (저두 클래식이에요. 저는 차이코프스키의
비창을 좋아해요)
미워을 좋아하시지 않기 때문에 식당에서 식사하지 않으시고

과장님 자리 위에 걸려있던 사진은 과장님께서 좋아하셨던 여자들, 기타등등 이예요.
저는 처음 과장님의 매서운 눈매에 조금은 당황했으니까요.
저와 친하게 지내셨던 선생님의 눈에서 느껴졌다 했으니까요.
저는 상대방과의 대화중 눈을 주시하길 좋아하고,
조금은 당돌하게도 길 거리의 사람들의 눈을 주시하기를 자주했지만
과장님의 눈은 정말로 날카로웠습니다.
그래서, 과장님과 꼭 친하게 지내고 싶다고 생각했어요.
서로의 대화로 쌓여지는 우정처럼 친구가 되고 싶어요.
친구는 서로의 마음이 통하면 나이와 관계없이 누구라도 친구사이가
될수 있다고 생각해요.
생떽쥐베리의 어린왕자 中에 어린왕자와 여우와의 진동열의 관계를
맺는 장면이 생각나요.
그들은 관계를 맺었기에 밀밭을 보면 여우는 어린왕자를 생각해요
(밀밭의 색깔과 어린왕자의 머리색이 같기 때문이예요)
과장님.! 정말로 과장님과 친하고 싶어서 송구스럽고 무릎쓰고
이렇게 썼습니다.
과장님 일본에 계시는 동안 하시는 모든 일이 잘 되시기를 바랍니다.
그럼. 안녕히 계세요.
P.S : 글을 쓰신다는 이야기를 들었습니다.
그래서 제가 지은 시한폭을 적었습니다
부족하지만 읽으시고 시간있으시면 평가해주세요.

1988년 6월 10일 밤

* 글을 좋아하는 여인 *

窓을 열면 京都와 大阪을 오가는 電鐵과
숱하게 오가는 자동차 소리만 들려오는
12층 아파트(여기선 맨션이라고 부름)에 온 지도
벌써 2주일이 되었군.
별도 잘 보이지 않는 이곳 밤은 많은 개구리 소리가
鄕愁를 달래준다고나 할까?
외국에 왔다는 느낌은 굳이 들지 않아.
논이며 밭이며 다른 것은 없으니까.
사람 모습도 비슷하고……
그렇지만 우리와는 너무도 다른 게 있어 애를 태우곤 하지.

어둠이 밀려온 저녁 아파트에 들어서며
食卓에 놓여진 편지를 내 것이라 여기지 못했는데
이름을 보고는 깜짝 놀랐지.
편지 쓴 적이 없는데 누가 보냈을까?
진희의 얼굴을 떠올리는 건 별로 어렵지 않았는데
확실한지는 모르겠네.
안경 쓰고 깡마르고 쬐끄만 꼬맹이.
면접 보던 날 글씨가 예쁘고 말하는 게 남달라서
기억에 남은 것 같아. 그래 이젠 익숙해졌나 모르겠네.
지금 회사 돌아가는 사정이 어려울 텐데
어떻게 생각할지……

그런 환경 속에서 여러 사람들이 대처하는 모습과
그것을 판단하는 자신을 발견하는 것도
좋은 경험이 될 거라고 생각하는데
너무 삭막하다고 생각하지는 말길.

이곳은 격주로 5일 근무를 하는데
그래서 지난 주말엔 大阪 구경을 갔었고,
일요일엔 京都와 奈良 나들이를 했지.
길 위로 굴러다니는 車가 우리보다 좋은 것들이고,
가게에 진열된 상품이 우리들 것보다 좀 더 좋다는 것 빼고는
다를 것이 없다고 느껴지지만, 크게 다른 것 하나를 꼽는다면
진심이던 아니던 상대방에게 특히 손님에게는
친절하려고 하는 게 다른 것 같아.

아직 한국에서의 습관과
이곳에서의 생활이 정리되지 않지만,
별다른 무리 없이 생활하고 있어서 꼬집어 표현할 것은 없어.
모르지. 아직도 무언가를 전혀 못 느끼고 있는 것인지도……
이곳에 와서 처음으로 편지 쓰게 되었네.
그 전만큼 글도 써지지 않고 다른 일에 쫓기어
시간도 잘 내지 못하는 나이이니 이해하길 바라며
좀 더 지나 여유가 생기면 또 편지하지.

오늘 편지 고마웠고 뜻하는 바 이룰 수 있도록

열심히 노력하길 바랄 게……

- 1985년 6월 17일
京都 向島에서 雲影

〈1985년 7월 KC 管理棟〉

머지 않은 곳에서 아침햇살에 무지개가 솟아오르네.
햇볕 보기가 그리 쉽지 않은 계절인데
언뜻 터진 구름 사이로 비치는 햇살에
아침부터 저런 경치를 보게 되는군.
여자의 마음을 종잡을 수 없다고들 하지만
이곳 날씨는 그런 여자들보다 변덕이 더 심하네.

일본에 온 지도 벌써 한 달.
갑자기 오게 되는 바람에 얼마나 바빴는지
집에 제대로 들리지도 못하고 왔어.

지난 4월에 만나게 된 것이 정말 잘 된 일인지 모르겠지만
서로를 이해할 수 있었다는 점에 대해서는 좋은 것 같았어.
조금 더 이야기할 수 있는 시간이 있었다면
좋았을 것 같았는데
눈이 까만 소녀는 어느덧 성숙하여 선생님이 되어 있는데
그때 그 소녀를 바라보던 소년은
아직도 변한 것 같지가 않으니……

이곳에서 여름까지 보낼 것 같아.
8월 말이나 9월 초에 돌아갈 예정인데
出張 온 일이 잘 되어줄지 모르겠군.

조금 있으면 방학이 시작될 테고
恩도 좋은 시간 갖도록 해요.

그럼 さよなら.

- 1985년 7월 1일 7시 46분

〈1985년 11월 24일 京都四條〉

겨울을 재촉하는 비가 내리는군요.
이 비는 어쩐지 사람을 기운 없게 하는 쓸쓸한 모습입니다.
이리저리 휩쓸려 다니진 않았지만,
어느덧 한 해가 다 가고 있다는 생각에 무거운 침을 삼킵니다.
돌이켜보면 좋은 추억들이었지만,
너무도 빨리 지나버린 시간을
어떻게 정리해 놓아야 할지 모르겠네요.
개인적으로도 할 일이 많았는데
회사 일에 파묻히고 마나 봅니다.
세 차례의 日本 訪問과 그 와중에 있었던 電子 Show는
고달픈 것이었지만
세상에 대한 새로운 눈을 뜨게도 하였습니다.
언제까지고 한 곳에 머물 수 없다는 것과
잘 산다는 것이 어떤 것이라는 것,
그리고 나와 우리의 현주소가 어디라는 것 등
처음에 가졌던 들뜬 기분에서 착잡한 심정으로
앞일을 정리해보게 하였지요.

이제 出張을 마무리하고 돌아가면 됩니다.
그렇지만 끝이 아니라 새로운 일의 시작이기도 합니다.
이번 플랜트는 우리 회사 최초의
Full Automatic System 도입이고,

裝備 價格도 日貨 2億 5千萬 円인 만큼
Set up부터 稼動까지 3개월 걸릴 것으로 추정하고 있는데
이 일을 혼자 맡고 떠나왔던 터라
돌아갈 준비를 하면서도 아득하기만 합니다.
年末부터 봄이 오기까지 세상일을 잊고 지내지 않을지……

京都의 많은 寺院과 숲, 넘쳐나는 自動車와 工場들
그리고 수많은 人波, 그러면서도 일자리가 남는 이곳.
무엇이든 싫증을 모르고 아무리 작은 것도 크게 보면서
큰 것은 작게 만드는 사람들.
國土를 가꿀 줄 알고 삶을 즐기기 위해 일하는 사람들이 사는
이곳 생활을 마무리하며 굳게 입을 다물어봅니다.
京都, 奈良, 大阪, 富士山, 三島, 東京, 鹿兒島, 宮崎, 雄本
나로부터 멀어져 가는 세월만큼이나
머릿속에서 희미해져 가겠지만,
그 순간에 있었던 일들을 떠올리게 되면
꾸욱 입을 다물게 할 수 있는 마음의 지침이 될 겁니다.
지도상에 있는 우리의 모습과 주변에 살고 있는 사람들이
어떻게 살고 있다는 것을
우리는 너무도 잘 잊으며 살고 있으니까요.
기회가 된다면 中國大陸을 여행하고 싶군요.

어제는 우리 男子排球가 일본을 이기는 것을
TV로 볼 수 있었는데 모두들 즐거워했지요.
그리고 나서 한참 동안이나 현실 문제를 이야기하다
문득 서울에 있는 "연"에게 전화를 하게 되었습니다.
특별히 할 이야기는 없었지만, 그저 하고 싶더군요.
옆에 있는 사람들이 무슨 전화를
그렇게 재미없게 하느냐고들 성화였지요.
여자한테 전화할 때는 마치 어떤 말이라도 정해져 있다는 듯이
성화였는데 아마 사랑을 못해본 사람들인가 봅니다.
하고 싶은 말을 하는 것도 어려운 일이지만
그 일을 찾는 것은 더 어렵다는 걸 아직도 모르는 게지요.

종일토록 비가 내리는군요.
종일 우울해 있습니다.
무슨 생각에 골몰해 감상적이던 때처럼 조용히 속만 태우며
이런저런 생각으로 종일 이 글을 씁니다.
아직도 안정된 마음을 갖지 못한 것인지
설레임도 아니면서 고달픈 생각을 합니다.
종종 어린 마음이 되는 것도 실은 걸맞지 않은 일이겠지만요.
서울은 제법 쌀쌀하겠지요?
12월 5일 저녁 비행기로 돌아가려고 합니다.
한창때 꿈꾸어 보던 낭만 같은 것도

시간 속 저 멀리서만 보이지만
이슬비 내리던 大阪城 숲속을 거닐던 것처럼
이번 겨울에는 눈 오는 밤길을 걸어보아야겠습니다.
별빛이 쏟아지는 눈길을 혼자 걷는 것도
단꿈을 꾸는 것처럼 어쩌면 포근할지도 모르겠네요.

돌아가면 "연"에게는 빨간 장미를 보낼까 합니다.
언젠가 검은 장미를 옷깃에 달아주던 날처럼
떨리지야 않겠지만
오랜만에 장미 한 송이를 사보고 싶다는 생각이 듭니다.

이제 창밖은 보이지 않고 사무실의 등불도 꺼져갑니다.
아파트로 돌아가서 편지지에 옮겨 적고
돌아오는 토요일과 일요일
마지막 나들이 생각이나 해야겠습니다.
자전거를 타고 골목 골목을 찾아다닐까 합니다.
담이 없고 있어도 집 안이 훤히 들여다보이는 이곳 풍경에서
우리와는 다른 모습이라는 걸 알았을 때
얼마나 가슴 아팠는지 모릅니다.
그들은 언제고 집을 비우고 나갈 수 있으며,
안심하고 생업에 종사할 수 있다는 것이 우리 사회와 크게
다르다는 사실이 참으로 믿기지 않았기 때문이지요.

다시 일본 땅을 밟을 때는 조금이라도 다른 눈으로
이 땅을 바라볼 수 있게 되기를 간절히 기원해봅니다.

연,
인간이 생존 문제로 한 곳에만 머물 수 없는 것은 사실이지만
그래도 언제고 돌아가고 싶은 곳은
사랑하는 이들이 있는 집과 고향이겠지요?
어머니가 차려주시는 따듯한 밥과 국으로 배를 채우고
좋아하는 음악 속에 묻혀 이 겨울을 보낼 수 있다면……
어머니가 해주시는 밥 얻어먹는 것도
일 년에 손꼽을 정도가 되고 말겠지만요.

자, 이제 그만 자리에서 일어나야겠습니다.
글 쓴 시간보다 이런저런 생각으로
하루를 다 보내다시피 했군요.
오늘은 사장님이 집으로 초대를 하셔서
그곳으로 먼저 갑니다.
이렇게 살고 마는 것인지요.

- 1985년 11월 28일 19시 12분
4工場 2層에서

바람 불던 날

스님이 없는 벌판으로 바람이 불었지.
마른 대나무 잎새 소리가 멀리서 들려왔으니……

해맑은 겨울 하늘 밑
햇살처럼 빛나는 모습을 잡으려 애쓰던 날
반쪽만 남은 彌勒寺塔 아래
부처님께 기원하던 마음을 알 수 없었을 테고
마르지 않은 신을 신어
발이 시려운 고통을 참는 걸 모르고
그저 들떠만 있었던 그날
부처님의 慈悲는 받을 수 없었겠지.

집에 갈 적마다 보이는 堤內里 소나무는
아직도 그 자리에 변함없는데
기대어 미소 짓던 마음은 찾아도 보이지 않아.
손을 잡았을 때 너무도 차가움에 놀라
주머니에 넣으며 다짐하던 마음도
그 밤
오리온 별을 가리키며 속삭이던 말도

이제는 까맣게 잊고 말았지.

얼음이 흐르던 눈 내린 바닷가
작은 절에서의 추억도 머언 날의 꿈
저녁이 깊지 않은 時刻인데도
오리온 별이 저리 높은 걸 보니
이 계절도 그리 멀지 않은 것 같은데
저 별을 볼 때마다 그날을 떠올리는 걸 보면
아직 갈 길이 먼 것 같구나.

누구는
인생이 그리 길지 않은 것이라 하였다는데……

- 1986년 1월 17일

사랑하는 그것은 자유지만
이별하는 그것은 자유가 아닙니다

누구나 사랑할 자격은 있으나
누구나 이별할 자격이 있는것은 아닙니다

사랑하는 그것은 혼자 할수 있으나
이별하는 그것은 혼자서는 아니됩니다

사랑할 때는 모든것을 용서할수 있으나
이별할때는 용서될수 없는것도 용서가 됩니다

사랑할때는 겨울도 봄같지만
이별할때는 봄도 겨울같습니다

사랑할때는 울어도 행복이지만
이별할때는 웃어도 눈물 흐릅니다

부디 사랑을 위해 사랑하여거든
이별 역시 사랑을 위해 해 주십시오

그리하여 이별이 사랑보다 더
힘들다는 것을 깨우치게 해 주옵소서

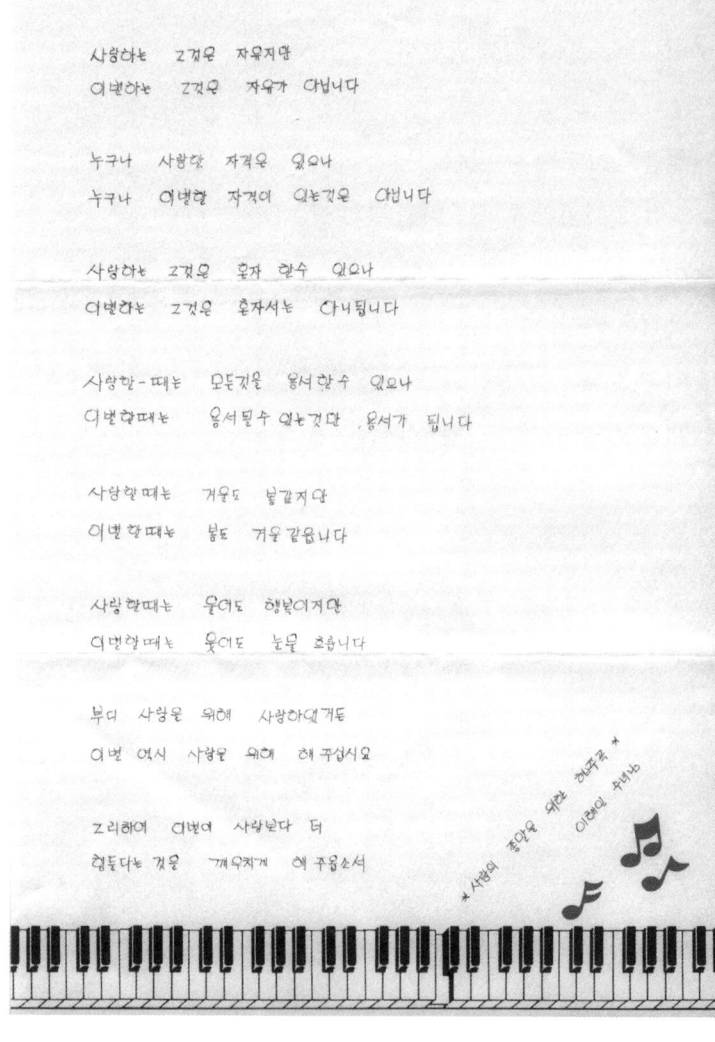

生日

휘영청 벌판 가득 달빛이 쏟아지는 저녁
풀벌레 소리가 멈추었고
시든 공기도 가라앉아 버린
먼 기적 소리마냥 불빛마저 희미해진 곳에서
달빛에 가려진 별을 봅니다.

오늘은 스물아홉 번째 생일
눈보라가 휘몰아치고 몹시 추웠다던데
엷은 코스모스가 피어 있는 길가엔
나락 내음이 널려 있고
가을이 깊어졌는지 스며드는 기운이 찹니다.

저 멀리 스러지는 流星처럼
계절 속에서 기다리던 모습은 영영 찾을 길 없는지
홀로 맞이하고 홀로 지내다가
언제나 홀로 보내던 계절을 이젠 기다리지 않는데
또다시 홀로 맞이하고 홀로 보내고 있습니다.

달빛을 밟으며 들국화가 핀 오솔길을 걸어봅니다.

이런 외로움을 서럽도록 참아온 것이 정녕 아쉬워
저 허공을 향해 한껏 던져봅니다.
이제는 잠들어 꿈을 꾸고 있을 당신은
이런 서러움을 얼마나 헤아릴 수 있을까요?

귀뚜라미 울음이 포근한 시간
달빛은 창으로 스며들고
먼 곳에서 개 짖는 소리가 들리는 걸 보니
새날이 밝아오는가 봅니다.
다음 생일엔 두 그림자가 달빛에 가리어질까요?

- 1986년 10월 17일

다짐

눈을 떴을 때 고즈넉한 안개 사이로
비가 내리고 있었어요.
만나리라고 생각ㅎ지 못했는데
차가운 비가 전화하게 하였는지요?

빗소리는 마음을 포근하게 하지만
가슴 깊은 곳의 서러움도 저미게 합니다.
고속도로 위로 가로등이 스쳐 가듯
파리한 달빛에 젖은 밤안개 속으로
오늘 일을 던져 보내려 해요.

화가 나 있었지요?
목소리에서 冷情해지려 하고 있음을 느꼈다면
나이 탓일까요?

마음을 전했으니 그렇게 알고 있으리라 믿어요.
아픔을 건너야 한다는 動搖가 있었지만
곧 잊혀지리라 慰安했지요.

가슴 아픈 일도 잊을 수 있음을
터득한 지 얼마 되지 않지만
일을 하다 보니 잊고 지나쳤네요.

찾는 이가 당신이라 여겨져 잠시 눈을 감았어요.
실낱같은 바램보다는 확실한 현실이 賢明하다는
친구의 말을 떠올리고 눈을 떴지요.

당신 마음에는 介意치 않으려 해요.
좋아서 다가갔고 좋아서 보고 싶다 했고
그래서 기대고 싶었어요.

밉다 해도 상관없어요.
사이에 놓인 시간의 다리를 건널 수 없기에
더 이상 다가가지 못하고 남으려 해요.

사랑한다는 것은 어렵고 고통스런 일이기에
피해 달아나는 겁쟁이
아님 바보이겠지요.

우리는 같은 마음임을 느낄 수 있었고
因緣에 대한 생각도 같아서 기뻤어요.
좋은 사람을 만나는 건 행복한 일이니까요.

당신을 사랑했다고 말하지 않으려 해요.
당신의 가능성에 대해 고민하고 외로워했지만
모두를 당신에게 미루고 싶었던 거지요.

그대는 두렵지 않았나요?
그대의 작은 떨림이
왜 이 손끝에는 닿지 않았던 걸까요?

우리의 일을 없던 일로는 않기로 해요.
멈추었지만 다시 이을 수 있는 것이기에
이렇게 끄적인 책갈피 속에 넣어두지요.

많은 시간이 흘러
몇 번이고 죽었다 다시 태어난 후에
우리 손으로 꺼내보기로 하지요.

안개 젖은 가로등이 마음을 재촉하네요.

얼마 남지 않은 불빛마저 스러져 가고

달무리 속 당신도 희미해져 갑니다.

조금 있으면 이 막차에서 내리게 될 테고

우리 이야기도 멈추겠네요.

부디 건강하고 하고픈 일 마음껏 하길 바래요.

우리가 사랑하고 있었음을 잊지 않지요.

- 1986년 11월 13일 23시 20분
裡里 가는 버스에서

壽賢,
피곤하고 배도 고프고 몹시 잠도 쏟아지지만,
오늘 있었던 일을 整理하고 Report도 하여야 하기에
事務室에 돌아왔지요.
그러면서도 마음은 다른 곳에 있군요.

오늘 당신과의 만남을 어떻게 表現하여 남겨놓아야 할지,
그래서 당신을 어떤 모습으로 그려야 하는지
마음만은 설렙니다.

늦도록 있어야 하고자 하는 일은
될 것 같지가 않아 그냥 돌아가럽니다.
내일 당신과의 만남을 밤새도록 苦待하겠지요.

- 1987년 2월 13일

運命은 피할 수 없는 것이라 하더라도
因緣은 만드는 것이라 하였지만,
因緣 역시 運命이 支配하는 것은 아닌지요?
뜻밖에도 당신과 만났던 일을 會社 同僚로부터 듣는 瞬間
머리를 스쳐 간 것은 당신 말처럼
당신은 곱게 길러진 꽃과 같은 사람이라는 것이었습니다.
그것은 또한 당신이 꾸밈없다는 것이기도 하겠지요.
이런저런 인생살이로 부대끼는 삶에서는
찾기 어려운 端雅함이랄까요?

그렇다면 당신은 幸福한 사람이지요.
당신은 幸福한 사람입니다.
女子뿐만 아니라 男子라도 그런 이는 幸福한 사람입니다.
그렇지만 幸福은 그런 경우가 아니더라도
우리 곁에 언제나 있는 거겠지요.
몹시도 苦痛스럽고 참기 어려운 處地에 있으면서도
不幸 그 自體를 幸福으로 여길 수 있음은
참으로 어려운 일이기에 더욱 아름다운 것은 아닌지요?
찬란한 빛을 발하는 寶石도 쪼아내고
갈고 닦는 試鍊을 거치지 않고는 誕生되지 않음을
古雅한 蘭의 아름다움과 比較하지는 않으리라 봅니다.

고운 情은 아니더라도 미운 情이라도 들었다면
서로의 立場 說明이 쉽겠지요만,
불쑥 나타난 낯선 사내의 마음을
당신 넋이 나가도록 전하지 못함을 안타까워하겠습니다.
그러기엔 너무도 많이 不足하고 그렇다고 그냥 돌아서기엔
賢明한 行動을 論하기에 앞서
젊은이다운 모습이 아니라고 여겨
自身을 던지기로 하였습니다.
茫茫한 時空의 어느 座標에 있는
당신에게로 나를 던져 다가갑니다.
그리고 당신에게 팔을 뻗치고자 합니다.
그 손을 잡아주고 말고는 全的으로 당신에게 맡기지요.
원치 않더라도 나 당신의 두 어깨를 잡고 이끌 수도 있겠지만,
이제까지의 당신 삶은 그를 받아들이지 못할 것이라 여기고
그런 경우는 없는 것으로 합시다.

손을 잡아준다면 우리는 같은 痕迹을 남길 것입니다.
그 후의 모든 일은 우리 두 사람의 責任이 되겠지요.
손을 내밀어 주지 않아 당신을 잡을 수 없다 하더라도
後悔하지는 않습니다.
내 뜻과는 다르게 그래서 두 사람의 軌跡이 달라지게 되더라도
그것을 因緣으로 하지요.

우주의 먼 별 속으로 사라지고 말겠지만,
數百億 년이 지나면 같은 자리에 같은 모습으로 돌아와
다시 만나리라 믿기에요.
이런 말은 너무도 바보 같겠지만, 길에서 처음 본 사람을
붙잡아 말 건네는 行動을 理解하지 못하는 당신과
어머니를 내 뜻 안으로 모시기가 두렵기 때문이기도 하지요.

"運命이란 피할 수 없는 것이 아니라
眞實로 피할 수 있는 것을 피하지 않음이 運命이니라"라고
되뇌이던 靑馬의 말을 한다면 당신은 나무라지 않겠습니까?
당신과는 달리 되도록 오래 만나고,
그래서 소록소록 정이 들고 미운 모습까지 아낄 수 있게 되어
사랑을 告白하고자 하건만,
奢侈스런 생각은 꿈에 不過한 것인지
간직하고픔조차 容納되질 않는군요.

당신을 처음 보았을 때의 感情을
무어라 表現할 수는 없습니다.
그 짧은 瞬間 이제까지 살아온 모든 것을 다하여
判斷하고 決定하는 것이라 論理的이고
合理的으로 說明하기는 참으로 어려운 것이지요.
하물며 이런 決定은 더욱 어려운 일인데도

이토록 짧은 時間에 決定하고자 한다는 것은
더욱더 어리석은 줄 아나 살아온 삶보다 더 많은 삶을
살아야 하는 일을 정하는 일에 輕率한 判斷을
할 수 없다는 것은 說明드릴 수 있습니다.

누군가를 사랑하여 그와 將來를 約束하고자 할 때는
宇宙와도 바꾸지 않겠다는 말을 해주리라 다짐해왔고,
그때 使用하려고 郵票 한 장도 所重히 해왔지요.
그 사람만큼은 스스로가 選擇하겠다는 意志를
固執해왔다는 것은 我執이라고도 하겠지만,
철들 무렵부터 간직한 所重한 꿈이기에
쉽게 던져버리질 못했습니다.
그리고 이렇게 自身까지도
그 시간이 늦어지고 있음을 깨달으며,
어쩌면 마지막으로 試圖한 당신에게의 挑戰을
삶의 轉機로 하고자 합니다.

자신에게는 정말로 切實하고 眞摯한 일임에도
다른 이에게는 장난으로 보일 수 있는 그런 행동이
쑥스럽고 망설여짐은 물론 苦痛스럽다는 것을 느껴왔고,
나이에 걸맞는 모습을 보여야 한다는 責任感마저
겹쳐져 왔으니까요.

감히 자신을 던진다라고 表現한 것도 그런 나름에서입니다.

지난 저녁 당신과 만나며 나의 마음은 決定 짓고 있었습니다.
꼭 하나 마음에 걸린 일이 있다면
당신이 살아온 環境을 미루어 당신 父母님과의 매듭이
쉬이 풀리지 않으리라는 느낌이었지요.
그리고 그 일은 오늘 現實로 나타났습니다.
부모님은 당신과 잘 어울리는 짝을 찾고 계실 겁니다.
당신도 그것을 잘 理解하고 있었고요.
나라는 存在가 位置할 곳이
어디라는 것도 우리는 잘 알고 있습니다.
삶의 苦痛은 欲心을 버리지 못하기에 얻는다는
부처님 말씀이 아니더라도 欲心을 버릴 수만 있다면
이런 苦痛은 모를 것이라 여기면서도
그대로 人間이고 싶습니다.
이 欲心을 버리지 못하고
당신에게 自身을 던진다고 표현한 것은
당신 말씀 중에 男便의 뜻을 따르겠다는
그 마음을 내 것으로 하고 싶다는 欲心 때문입니다.

당신 마음을 읽을 수 있었고,
그대의 눈 속에 빠져들 수 있었습니다.

당신의 말을 다 記憶하지는 못하지만,
그 눈동자만은 지금도 또렷이 보고 있습니다.
당신 말을 듣기보다는 보고 있었으니까요.
처음 보았을 때도 당신 눈을 보았고,
그 눈빛은 마음에 다가와 날 움직이게 하였지요.
人間事에 因緣이라는 것이 있다면 그런 것이라 말하고 싶고,
그 因緣을 自己 것으로 만들기에 앞서
그 因緣을 所重히 하고자 素望하는 것을 運命이라 말하지요.
당신 모습은 눈을 통해 나타났고,
눈을 통해 이 마음에 자리 잡게 되었음을
당신에게 다가가야 했던 理由라고 說明드립니다.

우리는 現實을 살아야 하고,
現實은 저승보다는 더욱 切實한 것이기에
理想向을 主張하지는 않습니다.
우리가 完全한 自由를 누릴 수는 없더라도
賢明한 判斷을 할 수 있기에
아픈 傷處는 남지 않으리라 믿습니다.
설령 傷處가 남더라도
그것은 全的으로 나의 것으로 하고 싶습니다.

壽賢,

지금 이 瞬間 당신을 사랑한다는 말을 할 수 없지만,
宇宙를 준다 하더라도 당신과 바꾸지 않겠다고 말합니다.
因緣은 나의 것이라 하였고, 運命은 당신 것이라 하였으니
당신이 주지 않는 한 함께하지는 않겠습니다.
이 모두가 常識에 어긋나는 일이라 여긴다면
謝過의 말씀을 전하며 끝으로
"肯定"과 "許諾"의 意味를 되새겨봅니다.
"肯定"이란 자신의 뜻과는 다르더라도
相對를 理解할 수 있다는 것이고,
"許諾"이란 자신의 모든 것을 抛棄하여
犧牲할 수도 있다는 뜻이라고 생각합니다.

지난 저녁 당신은 나의 뜻에 肯定하였고,
오늘 나는 당신의 모든 것을 許諾합니다.

- 1987년 2월 14일
雲影

〈1987년 6월 1일 小白山〉

한 해를 정리해보는 시간이 지나고 있고,
계절은 저 창밖 풍경처럼 스산함으로 가득하여
이번 가을을 보내기는 몹시 힘이 드는군.
世上 理致가 오고 가는 것이라
한 곳에 머물지를 못하고 떠도는 것이라 하지만
오면 가고, 가면 오고 하는 것이
차라리 가고 아니 오지 못함만 못한 것 같다.
산다는 그 자체가 모진 것이어서
不幸 그것마저도 幸福으로 여기며 살아야 한다면
참으로 산다고 할 수 있는 것인지……

지난 4년이란 시간은 元 네게도 많은 변화를 주었겠지.
대학을 마친다는 것 외에도
주변이 必然的으로 바뀌어가고 있는 것에 대해서도
나름 感懷가 있을 테니까.
너와 같은 테두리 속에 함께하기를 갈망했으나
조금도 同參할 수 없었다는 것으로
그 모든 것을 정리하고자 하지만, 기실은 서러운 일이었다.

한 사람을 사랑하는 데 여러 절차를 필요로 하는 것은
肯定하지만, 誤解의 소지를 너무 많이 남겼다는 점은
몹시 부끄럽기도 하고 한편 슬프기도 해.

지난여름 왜 공부를 더 하지 않느냐는 말을 듣고
아직도 나를 이해하지 못하는 사람이라고 느꼈다.
그것은 또한 너의 입장과
현실에 대한 자세를 가늠하게도 하였지만……

계속 공부를 할 수 있다는 것은
모든 이에게서 똑같지는 않겠지만
참으로 행복한 일이어서,
우리가 동경하고 열정을 바칠 수 있는 일이
여러 가지가 있겠지만,
학문에 대한 동경만큼 순수한 일은 없을 거야.
그렇지만 학문을 한다는 것은 멀고도 험하여
더욱이 생활하는 데는 도움을 주지 못하는 일이어서
특별히 선택된 사람이거나
각고의 노력을 각오하지 않는 이에게는
쉬운 일이 아닌 걸로 알고 있지.
학교에 다닐 때부터 학교에 남아 공부할 수 있기를
고대해 온 것은 사실이지만,
현실의 생활을 택할 수밖에는 없었다.
모진 각오할 만큼 강하지도 못했고 용기가 있지도 않았지만,
나름의 책임이라는 걸 느꼈기 때문이기도 하고……
교문을 나선 지 8년 학교로 돌아가고자 하는 꿈은

간직하고 있지만, 점점 멀어져 가는 것 같아.
회사생활 7년째를 맞으며 생각한 바가 있어,
학교로 돌아갈 수속을 밟아보았지만 또다시 미루고 만다.
회사생활도 포기하고 결혼이라는 것도 그냥 접어둔 채
3~4년 학교로 숨어버리고자 하였지만,
사실 여의치 않은 것이 살아간다는 문제여서
학교 일은 잠시 접어두고 다시 일본에 다녀오기로 했다.
일 년 정도는 걸리리라 예상되기에
새로운 준비 기간이라 여기고 떠날 참이야.
어쨌건 지금의 자리에서 벗어날 수 있다는 것과
필요한 日語를 보충하고 마음의 자세도 가다듬고자 함이지.
부모님께서 몹시 걱정하시는 결혼 문제는
전혀 해결할 마음 갖지 못한 채 이 한 해를 보내고
또 한 해를 보내게 될 것 같군.

아직도 마음의 行路를 잡지 못하고 있는 듯하지만,
그 자체를 삶으로 받아들이면
한결 가벼워질 것 같기도 하고……
지금 또다시 처음 만나는 사람으로 너를 만난다면
그때와 같은 마음을 갖게 될지 모르겠지만,
해서는 아니 될 말이었음에도 불구하고
그 말들을 후회하지는 않지.

정말 아끼고 싶었고 정말 사랑스러웠다.
내가 어떻게 하여야 할 줄 모를 정도로……
다시 돌아왔을 때는
행복한 여인의 모습으로 있기를 기원하지.
언니 결혼식이 얼마 남지 않은 거로 아는데
가서 보고 싶지만,
갖고 있는 사진을 보며 내내 그날의 일들로 머물러 있지.

누군가를 사랑하고 그와의 결혼을 꿈꾸며 살아가는 너를
내 기억의 마지막으로 하고자 한다.
너에게서의 나는 어느 날 갑자기 불어닥친
暴風雨 같은 것이어서 지나고 나면
스쳐 지난 바람결같이 없었던 일이 되겠지.
바람은 늘 새롭게 불고
태양도 내일은 새롭게 떠오를 테니까.

- 1987년 11월 13일

사랑

혼자 걸었소.
강둑에 부는 바람이 다 차갑도록

생각해 보았소.
오직 한 사람만을

그러나 가없는 외로움
그 복판에서 눈을 감으오.

나아갈 수도
돌아설 수도 없는 恍惚한 心思를
달빛이 흐르는 강둑 너머로
풀벌레보다 서러운 별빛으로 흩뿌리오.

누구를 이해하기보다는
自身을 이해하기 어렵다지만,
그마저도 욕심으로만 생각ㅎ지 마오.

바램이라면

한 걸음이라도 그대에게 다가가는 것.
너와 내가 우리로 되어지도록
시간의 꽃길 위로 달려가는 것.

이 모든 것이 運命일지라도
후회하거나 결코 피하지 않도록
온몸으로 부딪쳐 挑戰하는 것.

- 1987년 11월 20일

소중한 사람에게

우리는 사는 동안
얼마나 많은 사람을 만나 이야기하고 慰勞하며
그리고 사랑할 수 있을까?

바람처럼 스치듯 지나고
波濤처럼 밀려와 부서지고
때로는 이슬처럼 玲瓏하고

그러나 가슴에 품는 因緣은
하나
둘
셋
손안에 다 차지 못하며……

이승에서의 만남은
저 영원 속으로 헤어져 가도
영혼의 빛은 하나가 되어
다시 만나리다.

옷깃을 스쳐도 인연이라 하는데
그 처음과 끝을 알지 못함을
감히 두려워함이오.

오고 가는 일이 뜻과는 다르다 하여도
발길이 닿아 머무는 곳은
이 가슴으로 정하여지길
벼랑 끝에 선 심정으로 素望하였소.

누군가를 사랑한다는 것은
별을 세듯 어려우나
그것은 또한, 참으로 소중한 일이기에
별을 헤아리듯 懇切하오.

겨울이 오면 이별도 오겠지만
계절이 깊어지면
사랑도 깊어지리다.

인간에 대한 믿음은 거짓말을 하여도
사랑을 속일 수는 없는 것.
사랑이 찾아와 묻거들랑
조용히 손잡아 주시오.

- 1987년 11월 20일

첫눈을 기다리며

이 葉書가 너의 손에 들려 있을 때
거리에 눈이 내렸으면
아니면 몹시 춥기라도 하였으면 좋겠다.
그 저녁 마지막 달력을 넘기며
十二月이라는 느낌이 마음속에서뿐만 아니라
온몸으로 느낄 수 있도록 말이다.
그날도 넌 늦도록 窓口에 있을 테고
변함없이 난 쓸쓸한 거리를 지나 아파트로 향하겠지.
歲月의 흐름이 안타까운 사람이 시름에 잠겨 있을 때
時間의 흐름을 즐거워할 너에게
季節이 바뀌었음을 알려주도록
조금이라도 내렸으면
그 눈이 첫눈이라면 더욱 좋겠다.

- 1987년 11월 27일

겨울비

밤이 깊어간다.
깊어질수록 새벽은 가까운데
겨울비는 쉼 없이 내리고
바람과 어울려 밤하늘 가득하다.

빗소리가 그리움처럼 밀려와 창을 두드리면
문을 열고 조용히
沈潛해가는 都市의 얼굴을 들여다본다.

해맑은 너의 모습
都市의 저쪽 어느 곳에선가 잠들어 있을 네가
이 밤에 가득하다.

하고픈 말은 오직 하나
저 빗물처럼 넘치는 이 感情을
너는 언제야 들을 수 있느냐?

빗줄기가 눈발이 되고
눈송이가 꽃잎이 되는

그렇게 歲月이 흐른 뒤에야?

都市의 저쪽엔 더욱 깊은 어둠이 내리고
겨울비는 그리움처럼
이 마음에 가득 넘쳐흐른다.

- 1987년 11월 28일

生命

人命은 在天이라 하여
이제 막 태어난 아기도
天壽를 누린 老人도
生命만큼은 자기들 意志와는 無關한 일
할 수 있는 일이란
주어진 生命을 잘 保全하다가
되돌려주는 것이라 할까?

宇宙의 長久함에 비겨
刹那와도 같은 瞬間을 살다 가는
生命의 根源은 어디이며
어디로 돌아가는지는 몰라도
모든 生命은 高貴한 것.
우리 모두가 그 앞에서
嚴肅할 수 있으면 좋겠다.

連日 不祥事가 일어난다.
바다에서 하늘에서 그리고 땅에서……

두 발을 딛고 사는 인간이
땅을 떠났을 때의 無力함이란 表現할 길이 없어
瞬間과도 같은 시간에 虛荒한 하늘 어느 곳에서
돌아오기 어려운 孤魂이 된 生命들을 慰勞하며
이 땅에 남은 우리들이 무엇을 해야 하는지
곰곰 생각해본다.

希望을 잃어버린 삶은 생명을 抛棄한 것
어떠한 處地에서도
불꽃처럼 피어나는 생명을 위하여
우리 모두 希望을 間直하며 살아야겠지.
살며
사랑하며……

-1987년 12월 1일
KAL機 爆破事故消息을 듣고

첫눈

눈이 내렸소.

첫눈이 하얗게……

- 1987년 12월 2일

時間

텅 빈 事務室에서
흐트러짐 없이 움직이는
時計錘 소리에 귀 기울인다.
아무것도 아닌 時計錘의 往復은 一秒.
이런 생각을 하는 중에도 수십 번을 往復하지만
우리가 헤아리는 수는 기껏 二十五億
숫자 놀이라도 하듯
무심코 지나는 億, 兆라는 單位가
얼마나 偉大한 숫자인지 모르고 산다.
一秒 一秒가 두렵기만 한데
그 소리는 점점 커져만 온다.

무슨 말을 하든 대답을 않는다면
모든 게 無意味할지 모르나
지난 五개월 동안 말이 없고
지금도 말이 없으니
苦待하는 그 自體가 어리석다 하면서도
끊임없이 기다리는 마음을 탓하지 마오.
時間의 差異일 뿐

切實한 것은

누구에게나 다 똑같은 것이리라 생각하오.

- 1987년 12월 4일

한마디

한 걸음 한 걸음

겨울 숲으로 향하는 離別이 苦痛이지만

離別을 準備한다는 그 自體가 더 큰 苦痛이어서

겨울 숲에서 할 수 있는 일이란

숲이 다하도록

앞으로 앞으로만 나아가는 것.

숲을 지나며

네게는 많은 말을 할 수 있겠지만

꼭 한 가지

그 한마디는 먼저 하고 싶다.

해서는 아니 되는 줄 아나

언제까지 미룰 수는 없다고 여기기에

숲길을 引導하는 별을 찾는 마음으로……

한 걸음 한 걸음 겨울은 깊어가고

그만큼 봄도 가까워 오리.

- 1987년 12월 4일

陰曆 시월 보름

오늘 저녁은 할아버지의 忌日
어떻게 생기셨는지
사진 한 장 남아 있지 않고
每年 이렇게 祭祀를 모셔 온다.

오늘은 또한
아버지 어머니의 서른여덟 번째 結婚記念日
祝賀 드리는 마음으로
작은 케익을 마련하였다.

어머니가 시집오신 나이는 열아홉
시집온 다음 해에 전쟁이 터져
싸움터에 나간 남편 대신 시아버지 모시고
피난살이 하느라 新婚은 몰랐고
그 후로도 記念日은 시아버지 제사로 엮어 지나치고……

올해가 아버지의 回甲
여러모로 감회가 깊으실 것 같아
아버지 대신 기억해드리고 싶었다.

열두 해만 건강하시면 金婚式을 맞으실 테니
자식이지만 딴엔 부럽기도 하여……

하나밖에 없는 아들 결혼시키지 못하셨다고
평생에 한 번인 回甲宴을 포기하시는 아버지께 죄송하여
마음에 드는 여자라도 인사시키고자 하지만
이렇게 늦도록 생각해보아야 뾰족한 수가 없어
나 역시 답답한 마음일밖에……

- 1987년 12월 6일

挑戰

一分 一秒가 아깝지만
時間은 속절없이 흐르고
잠자리에 들어도 잠을 자는지 꿈을 꾸는지
아니면 깨어 있는 것인지……

이런저런 생각으로 머리가 가득하다.
맞아들이지 못하면 보낼 수도 없으니 어쩔 수 없겠지만
맞기 위하여 보내기는
더욱 어려운 일이 아닌지……

大統領 選擧가 몹시도 마음 쓰이게 하는데
自身에 관한 일은 더욱 힘이 든다.

사는 동안 挑戰이라는 말이 必要하다면
난 그 말을 잘못 使用하고 있는지도 모르니
挑戰 그 自體가 無意味하든지
그에 대한 理由가 변변ㅎ지 못해서
責任이라든가 義務라든가 하는 것도
다 가치 없는 일이 되겠지만

뜻을 품고 挑戰하고

그를 克服하여 成就하는 것이 人生의 價値 있는 일이라면

너에게 갖고 있는 이 마음을

난 挑戰이라 하겠다.

- 1987년 12월 9일

죽음

어릴 적에는
내일 다시 깨어나지 않으면 어쩌나 하는
두려운 마음으로 잠자리에 들곤 했지만
이젠 깨어나지 않기를 바라는 마음도 있다면
세상을 많이 산 탓으로 돌리려오?

방 안에 쏟아지는 아침햇살을 안으며
감사함과 기쁨으로 박차고 일어나던 기억과
잠들지 못하여 몇 번이고 뒤척이다가
새벽을 맞이하는 현실은
아마 천국과 지옥일 것이오.

꿈 하나 꾸지 않고 자는 잠과 같은 것이 죽음이라면
그것은 차라리 행복일 수도 있다는 생각을 하였을 때
오랜 죽음의 공포로부터 벗어날 수 있었고
언제 찾아올지 모르는 죽음에 대해서도
늘 마음의 준비를 하여야 한다고 여기게 되었소.

깨어 있을 때는

그 자체가 삶이라 어쩌지 못한다지만
잠들기 전
다시 깨어날 아침에 대하여 희망과 기대를 갖지 못한다면
차라리 깨어나지 않음이 행복하리다.

- 1987년 12월 10일

妥協

이 글을 읽을 때쯤에는
친구 結婚式에 가느라 大田으로 향하고 있을게요.
그 녀석이 가고 나면
나 포함해서 두엇 남게 되는데
모두의 豫想을 뒤엎고
친구들의 結婚式을 지켜보며
마지막까지 남을 모양이오.

서서히 하루 日課는 마무리되어 가는데
창밖엔 비라도 내릴 듯한 구름으로
저녁 시간이 가득하오.
오늘
적지 않은 賞與金에 모두가 들떠 있소만
마음 들뜰 일 하나 없구려.

出國 手續은 計劃대로 進行되고
會社 業務도 거의 引繼를 끝냈는데
자신의 일은 어찌해야 할지 정말 모르겠구려.
어떤 말이라도 그것은

자신만의 責任이란 걸 알기 때문이랄까?

그래도 실낱같은 希望을 갖고자 하는 것은
안쓰럽다 하기에도 부끄러운 일
세상살이에서는
妥協이란 것도 하며 산다지만
사랑에서만큼은
妥協을 拒否한 사람이고 싶소.

- 1987년 12월 10일

離別

오랜 친구가 結婚을 하오.
高一 때 만났으니 十五年을 함께해 온 친구요 마는
永遠한 벗을 만나
새로운 보금자리를 꾸민다 하오.

이제는
친구들 結婚式에 가야 할 일은 없는 듯한데
친구들은
아직 하나 더 남았다고 떠들겠구려.

아마도
式場에서 여러 소리를 들을 것 같소.
친구들 걱정이 그럴진대 부모님이야 오죽하시겠소만
못 난 탓으로 돌려야 할 것 같으오.

꿈을 먹던 시절
그 꿈을 주고받으며 지내던 벗들도
사노라면 떠나 살게 되고
그러다 보면

빛바랜 나뭇잎처럼 책갈피 속에서나 찾게 되지만
그렇게 오가는 것이
친구뿐 아니라 父母子息間에도
사랑하는 사람끼리도
가면 다시 오지 못하는가 보오.

아주 가까운 곳에서 서로 그리워하여도 먼 곳에 있는데
어느 마음이 홀로 애타게 그리워하여도
그것은 아주 먼 곳에 있는 것.
그리움은 바램이요, 기쁨, 所望이지만
그것은 또한 깊디깊은 病이오.

- 1987년 12월 11일

二十一世紀는

十年을 넘게 일관하여 苦悶해 온 것이 있다면
지나친 杞憂인지는 몰라도
내 살고 있는 이 땅에 대한 긍지와
자부심을 갖기 위해 힘써 온 많은 사람들처럼
보고 듣고 말할 수 있는 自由가 넘치는
그런 祖國이 되길 기원해왔소.

앞장서 나아가지는 못했어도
民主化를 외치며 孤軍奮鬪하는 그들을 성원하며
울분하고 애통해하고 저린 속을 여미며 살아
근대화된 나라에 걸맞은 政治民主化를
우리 스스로 창조할 기회가 눈앞에 닥쳐왔는데
어쩌면 우리는 몇 년을 더 기다려야 한다는
그런 절박함이 가슴에 가득하오.

역사에 대한 이해와
그 속에 숨은 인간사를 바라보게 되면서부터
현실에서 펼쳐진 政治形態에 관심을 가질 수밖에……
大入을 앞둔 어린 가슴에도

그 문제는 늘 머리를 떠나지 않았다는 기억이오.

維新政權이 十年을 넘기기 어렵다는 생각이었소만
올해의 북새통 속에서
내일 새로운 정권이 창출된다고 할지라도
그 앞날에 대해서는
지극히 심려스럽기만 하오.

軍事政權이 再執權을 해서는 아니 되는데
속 시원한 방안은 보이질 않고
국민들의 마지막 결단만이 남았구려.
시월 이후 선거에 대한 고민이 하루도 떠나질 않았는데
오늘 저녁이
그 마지막 고민이 되었으면 좋겠소.

그대들이 대통령을 뽑기 위한 투표에 참가할 때는
오늘의 이런 심정은 아닐 것이오.
90년대는 우리의 후손을 위해 이 20세기를 정리하고
21세기를 맞으면서는 그들에게

자랑스런 나라를 물려줄 수 있을 테니 말이오.

우리는 다음 세대를 여는 길잡이
21세기의 주인은 우리의 아들과 딸
격동하는 시대의 거센 파도를 헤쳐 나아가
모두에게 자랑스러울 조용한 아침의 나라를
소중한 그들에게 보여주고 싶소.

- 1987년 12월 15일

인사

당신 이름에 한없이 무력한 사람이 있소.
열여섯 해가 지났건만
그 이름에 끝없이 나약하기만 하오.

퇴근을 앞두고 받은 편지를 놓고
그냥 주저앉고 맙니다.
대표가 주최하는 부부동반 만찬이 있는데
유일하게 미혼인 이 사람 놀림감이 될 것 같아
그냥 이렇게 혼자 있기로 했소.

잘 지내고 있는지 모르겠구려.
가끔 만나 사는 이야기라도 듣고 싶소만
집으로는 연락할 용기가 나지 않아 말았소.

어떻게 사냐고 물어도 되오?
당신한테 연락이 올 때면
이 사람 꼭 출국 준비를 하고 있구려.
이번엔 좀 길어지리다.

아버지 회갑이 10일이오만
결혼 못한 외아들이 걸리셔서
남들 다 치루는 잔치 아니하신다니
부모님 뵙기도 그렇고
사실 이 사람도 못내 아쉬운 점이 있어
일부러 떠나는 길이오.

일 년 기한이지만 빨라도 반년은 걸릴게요.
돌아오면 모든 마음 털어버리고
새롭게 태어날 수 있었으면 좋겠소.

지난봄에 선을 몇 번 보았는데
그중 한 사람이 아주 마음에 들어
작심하고 당신 이야기를 해주고
鎭川 집까지 모셔다 주었지만
보기 좋게 퇴짜를 맞았지 뭐요.

찾아가 이유를 물었더니
대청댐에서의 이야기 중 아기 이야기를 지적하면서

왜 그런 말을 했냐고 묻길래
"당신이 마음에 들어 그랬오"라고 하니
여자한테는 그런 말 하는 거 아니라고 합디다.

그래서 이상하다고 했지요.
용기가 없어서 손 한 번 잡아주지도 못했고
늘 바보처럼 굴다가 이 지경에 이르렀는데
무슨 커다란 관계라도 있는 양 오해를 하냐고……

사실 그런 허점을 미끼로
스스로를 묶어 버리고자는 마음이었는데
남자 마음하고는 다른가 보오.
그 후부터는 선을 보지 않았소.

성탄전야라고 세상은 붐빌 테지만
이렇게 남아 혼자 있는 것도
그렇게 서글프지만은 않소.

요즈음도 가끔 글을 써요.

얼마 전에 쓴 글 옮기며 그만 줄일까 합니다.
당신 생각하며 쓴 글은 아니오.
마음에 그리는 사람에게 꼭 하고 싶던 말이었소.

편한 생활 하시기 바라오.
같은 하늘 아래 살고 있다는 것을 다행으로 여기기보다는
격려하고 용기 주는 그런 모습이었으면 좋겠소.

- 1987년 12월 24일 20시 10분

窓가에서

종일 바람이 불고
어둠이 드리웠을 땐 비가 내려
窓가엔 그리움이 찾아든다.

물결치는 대나무 잎새 소리에
머언 바다를 달리고
후둑이는 빗방울에 너의 숨결이 젖어든다.

대(竹) 그림자 사이로 떠오르는 모습
돌이킬 수 없는 달콤한 생각에 잠긴다.
행여 꺼질세라 조바심하며……

- 1988년 1월 21일
大阪關西硏修 Center에서

妖精

눈이 내린다.
잿빛 구름 사이로 하얗게 흩날려서는
땅 위엔 보이지 않는 꿈의 妖精처럼

끝없이 불러보고 싶구나.
끊임없이 솟아 나오면서도
다가가면 보이지 않는 네가
오늘은 더욱 사랑스럽다.

어느 여름날에 있었던 멜로드라마가 아니듯
現實에서의 너는 언제나 멀리 있구나.
人形이 아닌 다음에야
恒常 그 자리에 있지는 않을 터
너는 언제야 마음을 열고 날 맞으려……

- 1988년 2월 7일
京都의 向島에서

종일 봄비가 내렸다.
계절은 봄을 달리는데 마음은 아직 겨울인가 보구나.
칙칙함을 걸치고서도 떨칠 생각을 못하고 있으니 말이다.

어제는 서울서 오는 손님을 맞으러 大阪 空港에 갔었지.
움직이면 조금 덥다는 느낌이었는데
京都 市內 案內하는 동안 젊은 男女의 바지를 보고 움츠리든
자신을 발견할 수 있었지.

오늘은 商談이 있어 다른 會社를 다녀오며
달리는 빗속에서 널 생각했다.
네 마음에도 봄비가 내려 흐르고 있을까?
近處를 흐르는 江을 지나며
정처 없이 떠내려가는 모습은 되지 않겠다고 마음먹었다.

책을 한 권 보내려고 한다.
바쁘고 피곤해서 책 볼 시간 없겠지?
그에 앞서 건강을 해치지 않았으면 좋겠다.
당장 환경을 바꿀 수는 없겠지만
마음이라도 밝고 가볍게 하면 나아질 거야.
책방에 들려 많이 알려진 Non-No를 골랐다.
여러 가지가 있지만 가장 무난한 것 같더라.

잠시 머리 식히고 기분 바꿔볼 수 있다면 좋겠다.

지난번 電話하며 銀姬氏에게 네 허리 사이즈 물었었는데
25나 26일 거라고 하더군.
그래서 25쯤 되겠다고 推測했지.
나머지는 36이 넘지 않겠다고 여기는데 틀리냐?
엉큼한 생각일지 모르나
장난 한번 쳐볼까 하는데 기대해보시라.
그런데 정말 36이 될까?

어제 오늘 손님치레 하느라 좀 피곤하다.
저녁부터 新東亞 읽느라고 精神이 없다.
지난번 選擧 전날 네게 쓴 편지 내용처럼
우리의 政治發展에 무척 신경이 쓰인단다.
그 품에 살 때도 열심이었는데
이렇게 떨어져 알지 못하니 더욱 궁금하구나.
네가 지금 무슨 생각하고 있을까 궁금한 것처럼……

지금쯤 陽地 바른 곳엔 개나리가 피겠지?
노란 그 꽃처럼 화사하면서
화려하지 않은 너이길 가슴에 담아두지.
네 손길이 드리워 이 칙칙한 옷 마음에서부터 벗어버리고 가져온 하얀 바지 너와 함께 입기를 오늘 밤 소원해볼까?
너, 예쁘다.

- 1988년 3월 25일 23시 35분

제비

화사한 햇살 속에서
귀에 익은 소리가 들린다.
개울가 수선화 꽃잎이 한들거리는
둑길을 걸어올 때
이 봄이 얄미운 바람이
세차게 부는 들판 어느 위에서
꽈리를 부는 듯한
제비 울음소리를 듣는다.
삼짇날이 되려면 한 주일은 남았는데
네 사는 우리 땅에도 제비가 갔을까?

제비야, 가는 길이라면
우리 꼬마에게 이 마음이나 전하렴.

- 1988년 4월 3일

첫눈에 반한 계집애가 있어서
십 년이 넘도록 노력했지만
그 애 어머니가 무서워서
결국 내가 졌다고 했다.

다투던 기억밖에 없는데
다투었다기보다는
열심히 쫓아다닌 거지만
나 노력 많이 했었다.
열심히 생각했고
열렬히 고독해했거든.

그러는 동안 는 것이 있다면
이렇게 편지 쓰는 거야.
철부지 장난 같기도 했지만
하도 진지하게 굴어서인지 몰라도
한참 후에 그때의 나를
반은 이해할 수 있다고 하더군.

손 내밀어 주길 기다렸지만
끝내 부모님 말씀만 하더군.
나 만나는 거 싫어하신다고……

각오가 되어 있었지만
본인의 결단이 없으니 나설 수가 없고
무섭다는 핑계를 대고 있는 거지.

그래서인지는 몰라도
사랑하는 사람도 그렇고
미워하는 사람도 그렇고
되도록 마음에 두려 하지 않는다.

미운 사람은 만나서 괴롭고
사랑하는 사람은 못 만나서 괴롭다는
부처님 말씀이 아니어도
만남과 헤어짐은 자신의 뜻과는 다르게
우리가 이 세상 오고 가는 일처럼
뜻대로만 되지 않는다는 걸 알게 되었지.

이 마음을 알아준다면
나 역시 네 마음 아프지 않게 하겠지만
아직 부족한 게 많구나.

- 1988년 4월 11일 16시 22분

〈1988년 4월 15일 山梨 石和〉

橙꽃 그늘에 앉아

연한 橙色과
軟豆빛 어린 잎새가 어우러진 아래로
탐스런 葡萄처럼 보랏빛 꽃송이가 華奢한
橙꽃 그늘에 앉았다.

香氣가 숨이 막힐 듯하다.
커다란 왕벌은 橙꽃만을 좋아하는지
이 꽃이 필 때만 보인다.

오늘은 오월의 첫날
아카시아 여린 풀 내음이 아침햇살처럼 퍼져나가고
그 속에 휘파람새 소리도 함께 실려 가는 날
너는 이 아침 그 소리를 들었는지 모르겠구나.

종다리의 높은 소리에 눈을 떴다.
아무리 둘러보아도 보리밭은 없지만
높이 높이 솟아오르며 열심히 노래를 한다.

전화를 하려고 밖으로 나와

公園 숲길을 걸어 할 말을 생각하며 가서는
두근거리는 마음으로
受話器를 들었다.

아무도 받아주지 않더군.
그래서 이렇게
噴水가 쏟아지는 공원 등나무 아래에서
너에게 편지를 쓴다.

제법 햇살이 따갑다.
우리의 유월 햇살 같구나.
여기는 곧 장미가 핀다.
장미가 피면 네게로 간다고 그랬지.
그 約束은 꼭 지키지.

이 등나무 아래에 있는 동안 휘파람새 소리가 들렸다.
딱 한 번 들리고는
요란한 참새 소리와 흐느끼는 듯한 비둘기 소리가 싫어
어디로 갔나 보다.

바람이 지날 적마다 시든 橙꽃은 떨어지고
숨이 막힐 듯한 향기가 벤치에 넘친다.
이 아침 너는 어디에 있을까?
궁금함이 종일토록 떠나질 않겠구나.

저녁이 되어서야 들을 수 있을까?
오늘은 피곤함을 떨친 밝은 모습이길 기대하며
그만 돌아가야겠다.
가는 길에 한 번 더 전화하지.

- 1988년 5월 1일
宇治向島公園에서

公園을 걸어오며

네게 다시 전화하고 돌아오며
여우를 한 마리 길러야겠다는 생각을 했다.
꼬리가 아홉 개 달린 九尾狐는 싫고
털이 하얗고 눈망울이 까아매서
반짝반짝 빛나는 그런 여우라면 좋겠다.

여우는 遁甲을 잘한다는데
기르는 여우는 얼마만큼 遁甲術을 發揮할지
그건 길들이기 나름일까?
公園을 지나오며 그런 생각을 했다.

사랑하는 사람을 위해 작은 膳物을 준비하며
그 마음을 헤아려 보는 素朴한 幸福을 이제야 누리는지
너무나 오랜 동안 눌려 있던 所望이 솟구치며
잠시 凄然한 마음을 가져본다.

늦게 찾아온 이 幸福이
행여 꿈처럼 날아가지는 않을까
그런 조바심도 있구나.

돌아가면 우선 산에 오르자.
그때면 찔레꽃이 피었을 테고
溪谷에서 부는 바람과 개울물 소리에
山寺의 風鏡 소리 더욱 정겨울 때
부처님의 慈悲로운 눈길 아래에서
아득한 옛날부터 준비해 온 너와 나의 因緣
누구도 떼어내지 못하도록 두 손 걸어 이어놓자.

山寺의 風鏡 소리에 숨죽이고
산골의 새벽 종소리에 눈 뜰 수 있다면
우리의 因緣
永劫을 두고 떼어지지 않을 것이다.

앞으로 남은 時間 널 위해 보낸 것이니
즐겨 그 시간을 갖도록 해라.
아침햇살이 무척 따갑지만 발걸음은 가볍고
입가엔 微笑가 가득하여
연보라 橙꽃에 손짓하며 걸어간다.

친구에게도 그렇게 편지를 쓸 거다.
어이, 나 이쁜 여우 한 마리 기르기로 했다.
어머니한테 그 말씀드리면
알아들으실까?

- 1988년 5월 1일
宇治向島公園에서

늦었지만 卒業 祝賀해.
바라던 것처럼 더 공부하고 있는지 모르겠다.
이곳에 온 지도 벌써 5개월.
이렇게 오랫동안 집 떠나 있기는 처음이지만,
생활에서 부담스러웠던 일들을
하나하나 생각해볼 수 있어서 괜찮았다.
한국에서처럼 잠드는 시간마저 고통스럽던 일들도 없고
혼자 있을 수 있는 시간이 많아 무엇보다도 좋았다.

이젠 돌아가려고 한다.
자신의 일도 어느 정도 정리가 되었고,
이제는 일도 열심히 해야겠고
또, 부모님께 조금은 효도도 해야지.

너의 마음은 나로부터 떠났지만
난 그 자리에 계속 남아 있었다.
마음속에 지니며 갈망하던 생각이 정말 나쁜 것이었는지
스스로가 이해되지 않아 괴로웠다.
두 해 동안이나 떨치지 못했다면 바보라고 할 테야?
넌 뒤를 돌아보며 살지는 않는다고 했지.
나도 뒤돌아보지 않고 그냥 오기만 했다면 어떠했을까?
남에게 보이지야 않겠지만 수없이 눈물을 흘려야 했겠지.

그게 싫어서 그 자리에 머물렀다.
모두들 지나간 자리에 남아 물어보고, 생각해보고, 되물어보며
내 자신의 행동에 대해 정말 무엇이 잘못되었는지
스스로가 삭이지 않으면 안 되었다.

이 五月.
벌써 4년이란 세월이 흘러버린 그날을
난 더 먼 지난날을 떠올리며 記憶 속에 묻으려 한다.
사랑한다 하면서 사랑을 전하지 못한 아픈 기억을
어떻게 묻어야 할지 모르겠지만,
또다시 그런 아픈 기억을 갖지 않도록 하지.
사랑하는 사람을 위해서 膳物을 고르며
그의 마음을 헤아려 보는
작은 幸福을 아직도 이 작은 가슴에 채우지 못한 것을
내 못난 탓으로 돌리며
너와 함께 머물고 싶었던 곳을 떠나 이제 내 갈 길을 가지.
네가 일본에 오고 싶다고 했는데 그 일본엔 내가 오고 말았지.

이 밤도 비가 내리는군.
겨울비 내리는 밤 혹 차가운 빗방울이 그 손등에 닿거든
내 거기에 있음을 기억해주면 좋겠군.
네가 바라던 포근한 사람이 되지 못했지만,

차가운 빗방울이 그 손등에서
따사로워지길 원했던 바보라고……

우리가 우연히 만나게 되면
반갑게 인사할 수 있기를 바라며……
그만, 안녕.

- 1988년 5월 11일
京都에서 榮

어진

동생중원을 갔어요. 너무 고맙다는 말만 했어요. 저도 고마움이도 한결이 엄마는데요.
무슨 책이냐러 궁금해서 들었더니! 얘기해주더군요...
함께 넣은 향강을 토요일날 보내드릴께요.
인형선 주입이 CD로 소속비경 됩니다.
채장 님 "여우" 한아내가 읽어요. 이형숙이 궁금해 했어요.
상쾌한 아침입니다.
하늘의 힘쭉든 시눈오 푸르듬이 하합입니다.

1988. 5. 18. 8:53 임미숙

向島의 밤

이곳에서의 마지막 밤을 보낸다.
휘황찬란한 Pachinko 네온사인은
변함없이 맨션의 저녁을 밝히고
요란한 자동차 경적은 여전히 늦은 밤을 메운다.

일본이라는 나라
실체를 알게 될수록 부담스러운 일이었다.
여기도 사람이 사는 곳이라 미련은 남는다.
집에 초대해주었던 젊은 夫婦와
硏修生活하며 만난 中共의 젊은 친구들
인간의 본질은 크게 다를 바 없는데
집단의 이념이라는 것이
인간 본연의 자연스러움에 상처를 주는 것 같아
아쉽다는 느낌이지.
다정한 이웃이 되었으면 하는 바램이다.

이곳에 오게 된 지 꼭 5개월
처음 가졌던 생각들이 뜻대로 되었는지 半信半疑지만
제일 중요했던 두 가지 문제를 극복할 수 있어서

나름 기쁘기는 하다.

돌아가서도 이 기쁨이 지속되도록 해야겠지.

아침이면 저 무거운 가방을 떠메고 大阪 空港으로 간다.

아직 해가 많이 남았을 때 아마 裡里에 있겠지.

장미꽃 들고 앞에 서면

놀라는 모습을 볼 수 있으려나?

젊은 친구들의 모터사이클 소리는

늦도록 여전히 시끄럽구나.

- 1988년 5월 29일
京都府 宇治市

無常

간밤에 비가 내리고
햇살의 기운은 쇠잔(衰殘)하였다.

길 위 바람엔 찬 기운이 서리고
旺盛한 여름은 어디로 갔나.

종일 들어앉아 꿈을 꾸노니
계절이 다 지남을 어이 알리요.

- 1988년 9월 26일
佳陽洞 집에서

〈아버지(1953년 봄)〉

이 아침 길가에 늘어선 가로수 잎새가
유난히도 많이 떨어진다.
저들은 가지에서 떠나야 할 때를 알고 있는 것인지
바람도 없는데 봄바람에 날리는 꽃잎 모양
속절없이 떨어지네.

人生은 虛無한 것이고
世上萬物이 다 "空"한 것이라고들 하지만,
살아있는 우리들은 정녕 가슴속에 새겨들고 있는 건지……
한 生命의 誕生을 祝福하고, 또 한 생명의 滅亡을 슬퍼하면서
살아있음을 감사하고 있음인지,
두려워하고 있음인지도 모르고.
우리의 내일이라는 것과 인간의 能力이라는 것이
얼마나 초라하고 보잘것없는 것인지 수없이 당하면서도
잊고 마는 것이기에 우린 사는 거겠지.
영원히 밝힐 수도 풀 수도 없는 "恨"이라는 것이 있다면
우리의 그런 忘却과 自慢 때문은 아닐런지……

갈 길이 먼 것 같은데 결코 먼 길은 아닌 것 같군.
子息으로서 해야 할 道里가 있다는 걸 느끼면서도
조그마한 欲心에 어물거리다가 禍를 自招했다고나 할까?
언제나 기다려주실 줄 알았는데

뜻만큼 기다려주시지는 않는군.
지켜보아 주는 주위 사람에게도 그렇지만
스스로가 부끄러운 일이라 平生의 짐으로 삼을 수밖에……

지난여름 한번 보자고 했었지?
그저 意味 없이 보자고 한 것은 아니었는데
아마 시간이 필요하다고 여겨져서 가을이 지났을 거야.
아버지가 떠나시고 마음속에 지녀 오던 平衡感覺이
무너져 버린 지금 怨望스럽고 苦痛스러운 마음 한켠에
감사의 마음을 내세워 지난여름의 의미를 되살리고 있다.
감사하는 마음에서라고는 하나,
받는 立場에서는 느낌이 다를 수 있을 테고,
그것이 좋은 일이 될지 그렇지 않을지
세월을 앞서 살아온 사람으로서의 責任이라는 것도 있기에
뜻을 전하기가 편하지가 않네.

世上理致에는 항상 二重的인 面이 있어서
겉으로 드러난 바로 그 밑에 相反된 모습이 있는 거겠지만,
때로는 알면서도 모르는 듯 있는 데도 없는 듯한 모습을
이해하여야 하는 것은 아닐지 모르겠군.
알리고 싶지 않음에서의 숨김인지 아니면 진정한 의미에서의
秘密이고 싶어 하는지를 알 수 없겠지만,

진실을 보여주지 않는다면 그렇게 지나는 것이 人心이겠지.
자신의 입장만을 主張한다면 욕심이 되겠지만,
그마저 주저한다면 바보라 하겠기에
잿빛 계절의 그림자 속으로 숨고 싶은 사람이 손을 내밀기엔
역시 두려운 마음이라고 할 밖에……

계절의 한 모퉁이에 서서 懺悔의 눈물을 흘려보아야
이젠 돌이킬 수 없는 일이 되었지만,
最善이 아닌 그 次善이라도 지고 가야 한다면
기꺼이 손을 내밀지.
그 손이 부끄러운 모습으로 돌아올지라도
스스로에게는 그 모습이 最善일 테니까.
未安하군.

- 1988년 11월 15일
裡里에서 榮

또 하루가 저문다.
어둠이 밀려와 琉璃窓을 彩色하고
이내 먼 별빛만 남아 記憶은 走馬燈처럼 스치고
살아있음이 苦痛스럽고 죄스러워 밤이 두렵다.
두 갈래 길도 아닌 외길에 서서
이제는 희미하지 않은 저 너머를 바라본다.
결코, 먼 길이 아니기에 이제 갈 길이 바쁜 것일까?

지난 14일은 종일 大田 집과 通話가 되질 않았다.
무슨 일인가 답답하여
저녁엔 너한테도 여러 번 電話를 하였지만,
어머니하고만 통화가 되더군.
집에 좀 가보아 달라고 부탁하려 했었지.
불안한 마음을 떨칠 수가 없어서
밤길을 달려갔더니 故障이었다.
9시가 넘도록 네가 돌아오지 않았다고 하시기에
전화했던 이유하고 출근 잘하라는 인사하고 싶어
집 앞에서 기다렸는데 11시가 조금 넘어
더 이상 기다릴 필요가 없다고 느껴져서 裡里로 돌아왔다.
내가 무엇인가 잘못하고 있다는 느낌이었지.

가로수 잎새가 유난히도 많이 흩날리던

다음날 아침 편지를 쓰고 싶었다.
그 글이 옮겨지고 또다시 밤이 찾아왔을 때
아버지의 단 한 분 血肉 姑母가 세상을 버리시고
그 訃音에 세상은 속절없이 흘러갔다.
겨울을 재촉하는 찬 바람이 휘몰아치는 산 언덕에
고모를 모시고도 놀란 가슴은 그저 서럽기만 했다.
이 세상에 나를 있게 하고, 그 품에서 자라게 하였으며,
보이지 않는 끈으로 묶어 나를 이끌던 기둥은 미처
그 存在價値를 깨닫기도 전에 내 곁에서 떠나갔다.
아버지를 여읜 슬픔을 가슴에서 아직 이끌어내지도 못했으며
寃痛한 만큼 속 시원히 울어보지도 못했는데
아버지의 지난 이야기를 들려주셔야 할 고모는
얼마나 애통하셨길래 조카의 바램 들어보지도 않으시고
서둘러 동생 따라가셨는지……

아직은 依支하며 살아간다고 느껴왔건만,
꿈에서 깨어난 것처럼 간 곳이 없다.
하나밖에 없는 아들에게
평생을 지고 가도 덜 수 없는 짐을 지우신 채 홀연히 떠나가신
아버지가 조금이라도 용서하여 주실지 모르겠으나
바람이 잔잔한 날을 기다려 호젓한 곳을 찾아
한 번 서럽도록 울어보련다.

그리고는 아버지를 위한 눈물은 흘리지 않도록 하지.

父子間의 인연이 고작 31년에 그쳤으나
藥酒가 거나하신 모습으로
어느 때라도 문을 열고 들어서시면서
즐겨 부르시던 노래로 나를 부르실 거라고
조바심하며 기다리지.
어머니가 평생을 기다리셨던 것처럼……
이제 날 위해 살아주는 이는 없지.
날 필요로 하는 사람을 위해 살아야 하고,
아버지가 하신 것처럼 새로운 생명을 기르고
그들의 꿈을 키울 수 있도록 준비하여야겠지.

미안한 일이 있었을까?
처음 보았을 때와 지금의 너는
내게는 크게 달라진 것이 없는데
한 가지 있다면 아버지 일로 해서
감사한 마음을 지니게 되었다는 것이겠지.
이 나이 들도록 살며 價値觀에 懷疑를
느껴본 적도 흔들려본 적도 없지만,
이번 일로는 적지 않은 動搖를 느끼고 있다.
나 자신보다는 지켜보아 주는 주위 사람에게도

조금은 양보할 수 있어야 한다는 것.
그 양보가 크면 클수록 사랑도 커질 수 있다는 것.
깨달음은 항상 늦는 것인지 날이 새도록 잠들지 못하게 한다.

하고 싶은 말이 있었지.
좀 더 일찍 할 수도 있었지만,
세월을 앞서 살아온 사람으로서 부끄러운 마음이 있었다.
마음에 자리하고 있음을 깨달았을 때
너에게 보다는 아버지에 대한 그리움이 더 컸겠지만,
그 마음을 감사함으로 표현하고자 한다.
한 생명이 태어나면 자리한 작은 공간이 그의 세계이지만,
자라날수록 어른이 되어갈수록 그 세계는 넓어져
자신도 모르는 세계를 갖는 거겠지.
자신만이 알고 있는 울타리도 치고,
누구에게도 허락하지 않는 자신만의 공간도 가꾸려 할 거야.
내가 바라볼 수 있는 너의 세계와 울타리는 어디까지일까?
그래, 한 자락도 아닐 거야.

너만 한 나이일 때 내가 간직하던 소망이 지금과 다르듯
네가 갖고 있는 꿈은 또 다른 것일 테니까.
해서는 아니 될 말을 너무 쉽게 해버리는가 하면,
꼭 하여야 함에도 평생토록 하지 못하는 수도 있겠지.

저 별빛처럼 우리가 알 수 없는 먼 옛날의 슬픔이 쏟아지듯
지금의 아픔이 아득히 먼 날 또 다른 눈물이 되어
별빛으로 쏟아질 것을……
그렇지만 그래도 하고 싶구나.
하고픈 말을 가슴에 묻고 그날을 기다리다
죽어서도 하지 못하는 병이고 싶지는 않음이지.
너와 나도 먼 날 우주 건너 저편 세계에서 완전한 자유,
참된 진리인의 모습으로 다시 만나야 하는 것일까?

아버지가 곁을 떠나신 지 한 달이 되어간다.
차가운 땅에 모셔두고 돌아오기가 서러워
殞命의 날을 더듬었을 때가 48시간이 지나지 않았었는데
49제를 지내야 할 때가 더 가까워졌다.
내일은 아버지 어머니의 서른아홉 번째 결혼기념일.
지난해 처음으로 그날을 기려 작은 케익을 마련한 것이
자식이 기억해드리는 처음이자 마지막이 되었구나.
그저 답답하기만 하다.

지난주 내내 전화를 기다렸지.
속에 있는 말을 조금이라도 하고 싶었다.
그렇지만 이젠 그런 기대를 할 필요가 없다는 예감이 든다.
이 週가 다 가면 한 번 찾아갈 거다.

고맙다는 人事狀하고 몇 장의 편지
그리고 꽃다발 이렇게 전하고 오지.
네가 없어도 괜찮을 거야.
그리고 나면 은주에게 미안한 일은 없도록 하지.
그게 내 道理일 거야.

- 1988년 11월 22일
裡里에서 雲影

지난겨울 일본의 広島에 갔을 때였다.
原爆이 떨어진 中心地를 公園으로 만들어 놓았는데
平和公園이라고 하더군.
그 한복판에 銅像이 하나 서 있는데
被爆으로 인한 後遺症을 안고
病院에서 지내다가 숨진 어린이의 모습으로
병원에 있는 동안 일본 각지에서 쾌유를 비는 뜻으로
종이학을 접어 보낸 것이 계기가 되어
지금도 그 동상에는 수천 마리의 종이학이 걸려 있고,
小學校 학생들이 방문할 적마다
천 마리의 종이학을 실에 꿰어 걸어놓고 간다고 해.
流行歌 歌詞에 나오는 종이鶴의 意味가
그리 簡單하지 않음을 알게 되었지.

지난 일요일 종이鶴 천 마리를 접어
내게 膳物한 사람이 있었다.
意味대로라면 自身의 所願을 이루기 위함인데
그 소원을 들어줄 수 없는 나로서는 참으로 無顔했다.
87년 5월 "선"이라는 자리로 단 한 번 對面한 것이 全部였고,
내 記憶에서 거의 잊혀지고 있었는데
그는 그 만남을 자신의 全部인 양 여기며 지내왔다니
무척 당황스러울 수밖에 없었다.

만남 이후 단 한 번의 觀心도 주지 않았고,
곧이어 만난 너에게 마음을 빼앗겨
세상 흘러가는 것조차 잊고 살았는데
그는 지난 세월을 虛妄한 期待感에 살고 있었다니 답답했다.
지난여름 일본서 돌아왔을 때
한 번 더 만나고 싶다는 連絡이 있었지만 拒絶했지.
더 이상 不必要한 마음을 갖지 말라는 뜻이었는데
지난 年末에 다시 연락이 왔더군.
꼭 한 번 더 만나야 다른 사람을 만날 수 있다고 한다기에
마음을 달래주어야 한다는 생각이 들었다.
아버지가 계셨다면 결코 응하지 않았을 텐데
삶이란 것이 꼭 그럴 필요가 없다는 생각에서
내 마음을 보여주어야겠다고 생각했다.
그렇게 다시 마주했는데 내 마음이 돌아섰기에
자기를 만나는 것이라는 기대를 가졌다는군.
스물일곱이면 적은 나이가 아닌데,
또 배울 만큼 배운 사람이라
세상 사는 인식도 있으리라 생각했는데
아직 少女 같은 마음을 갖고 있었다.
생각해주는 마음이 참 고마웠고,
이런 사람을 사랑하고 곁에 있으면
내가 편하겠다는 생각도 해보았지만,

그것이 전부는 아니라고 나를 다독였다.

단 한 번 보고서도 내가 잔정을 주지 않는 사람이라는 것과
좋아하고 싫어하는 일을 分明히 區分하려는
性格의 사람이라는 것을 느꼈다면서도
단지 그 첫인상 때문에 자신은 希望을 갖고 있었다는군.
그의 마음을 너무나도 잘 理解할 수 있기에
참으로 가슴 아팠다.
여자라는 이유로 좀 더 積極的으로
자신의 뜻을 전달하지 못했을 터이고,
마음의 病도 앓았을 거라는 생각도 들었다.

나 때문에 저런 모습의 사람이 있게 될 줄은 몰랐지.
내 자신이 늘 그런 모습이라고 느껴왔기에 미안했다.
그에게 해줄 수 있는 말은 많지 않았다.
생각해주어서 정말 고맙다는 말과
마음을 더 넓히고 視野를 더 멀리하여 되도록
많은 사람을 만나보고 이야기해보고
그리고 생각해보라고 했다.
이런 일은 많은 사람이 필요하지 않다고 하더군.
그 말도 옳지만, 오늘을 살아가는 젊은 사람이라면
좀 더 많은 經驗이 필요하다고 했다.

그 경험이 꼭 자신을 위한다고만 생각하지 말라고도 했지.
자신이 쳐두었던 울타리를 너무 좁게만 하지 말고
되도록 넓혀서 많은 사람을
포용할 수 있었으면 좋겠다고 했다.
처음에는 선물이라고 하기에 받지 않으려 했지만,
나만을 생각하며 준비한 것이라
자신에게도 쓸모없는 것이라 해서 받아왔다.
그 마음을 다 이해할 수 있고 헤아릴 수 있었지만,
肯定과 許諾이란 말을 해주고 돌아서 왔다.
肯定이란 相對方의 뜻을 理解하지만
자신의 뜻과 一致하지 않을 수 있다는 것이고,
許諾이란 相對方의 모든 것을 내 뜻과
같다는 것으로 받아들인다는 것이며,
許諾엔 자기 犧牲이 따른다고 했지.
나는 그의 뜻을 肯定하지만 許諾할 수 없으며,
그 理由는 내 마음도 내 마음대로
하지 못하기 때문이라고 했다.
훗날 이 일을 後悔하게 될지 어떨지 모르겠지만
지금으로서는 이렇게밖에는 말할 수 없어 未安하다고 했다.

삶은 참으로 얄궂은 것인지
자신을 좋다 하는 사람은 뿌리치고

싫다는 사람은 붙잡으려 하니 나도 내가 밉다.
종이鶴이 내 것이 될 수 없음을 잘 안다.
내 손에서 날아가게 해야겠지?

비스듬히 기대어 잠든 네 모습을 보며
南으로 南으로 달리며 많은 생각을 했다.
마음먹기에 따라 바닷속으로도 뛰어들 수 있게 되었는데
무엇을 택해야 하나……
檢問所에 멈출 때마다 젊은 戰鬪警察은
잠든 네 모습을 들여다보고는
이내 돌아서서 하늘을 올려다보더군.
아마 날 몹시 부러워했는지도 모르지.
내 마음이 설레였다면 그 친구들은 원망스러웠을 거야.
밤길을 달리며 수없이 葛藤해야 했다.
꼬옥 안고 싶었는데 설레임이 아니라
내 스스로가 원망스러웠기에
별이 쏟아지는 밤길에서도 차를 세울 수가 없었다.
하고 싶은 表現도 못하고 참지 않아도 될 것을 참는 걸 보면
아직은 널 덜 좋아하는가 보다.

널 여자로 얻고자 하는 욕심 이전에
인간으로서의 아름다운 한 사람으로 기억되길 원한다.

우리에게 내일이란 없지.
주어진 瞬間만 所有할 수 있으며,
그 시간은 언제나 지난 일로만 남게 될 것이다.
우리는 늘 未來만 생각하며 살 것 같지만
언제나 지난 시간만 생각하며 살게 되지.

지금 우리에게 주어진 시간을 自滿하지 말자.
언제까지 이 시간 속에 머물 수는 없으니까.
지금부터 먼 훗날 (그때도 오늘이 되겠지만)
우리가 어떤 모습으로 서 있을지 그것을 생각해보도록 하자.
진정 어느 모습이 참된 현실인지 우리는 冷酷하여야 한다.
漠然한 想像은 돌이킬 수 없는 悔恨으로 남을 것이고,
찾아올 마지막 순간까지 우리는 아쉬워해야 한다.

너를 돕고 싶고 지켜보고 싶다.
너에 대한 욕심은 그저 욕심일 뿐
사랑이라는 것이 꼭 男女의 愛情만이 아님을 말해주고 싶다.
그 저녁 네가 무슨 생각하는지 알 수 없기에 自信할 수 없지만,
너를 안고 바닷속으로 뛰어들고 싶었던 마음을
누를 수 있었던 것은
네가 사랑을 받을 줄 아는 사람이라고
확신할 수 없었기 때문이다.

마지막 순간 하려던 입맞춤은 나의 體面보다는
너의 체면을 위해서라는 걸 알 수 있다면 넌 어른이 된 거다.
그 저녁은 내가 못나서가 아니라
네가 못 나서 그대로 돌아왔음을 記憶해라.
처음 느꼈던 너였다면 그대로 돌아올 수가 없었겠지.
絶對 그 기회를 놓치지 않았을 거야.
그런데 바보처럼 그냥 돌아오고 말았다.
정말 두려웠던 것은 너를 탐하는 것보다
이후의 네 無氣力함을 더 두려워했는지 모른다.

나의 行動에 대한 責任은 내가 다 질 것이다.
그 시간들이 물론 부끄러운 일이나
네가 정말 自尊心에 傷處나는 일이라 여기고,
그래서 당당히 내게 따질 수 있다면 진정 너를 가슴에 안지.
내 목숨보다 아끼며 사랑하련다.
어두운 밤이 아닌 환한 대낮에라도
모두가 부러워할 수 있도록 껴안을 수 있겠다.
구경꾼에 손짓하며 눈은 그들을 바라보며 네게 입맞춤하지.

- 1989년 1월 29일

삶

한 생명의 誕生을 祝福하고
한 생명의 滅亡을 哀悼하면서
살아있음을 감사하고 있음인지
두려워하고 있음인지도 모르고……

우리의 내일이라는 것과 인간의 능력이라는 것이
얼마나 초라하고 보잘것없는 것인지
수없이 겪으면서도 잊고 마는 것이기에
우린 사는 거겠지.

영원히 밝힐 수도 풀 수도 없는
恨이라는 것이 있다면
우리의 그런 忘却과 自慢 때문은 아닐런지……

또 하루가 저문다.
어둠이 밀려와 유리창을 彩色하고
이내 먼 별빛만 남아 기억은 流星처럼 스치고
살아있음이 고통스럽고 죄스러워
밤이 두렵다.

두 갈래 길도 아닌 외길에 서서
이젠 희미하지 않은 저 너머를 바라본다.
갈 길이 먼 것 같은데 결코 먼 길이 아니고
먼 길이 아니기에 이젠 갈 길이 바쁜 것일까?

우리의 내일을 자신할 수 없다면
지나는 오늘을 사랑하자.
우리의 어제가 오늘이었듯이
우리의 내일은 곧 어제일 테니까.

그리고 웃자.
우리의 오늘이 멈출 때까지
우리의 모든 것을 사랑하며……

- 1989년 1월 30일

歲月

말씀 한마디조차 조심스럽던 아버지를
차가운 땅에 모셔두고 돌아섰을 때가
殞命하신 지 채 四十八時間이 되지 않았는데
어느새 百日이 지났다.

그동안 해도 바뀌고
차갑던 땅은 더욱더 얼어버렸는데
따듯한 이불 대신 돌을 깔고 누우신 채
자식 탓은 하지 않으실런지……

훗날 무슨 面目으로 뵈어야 할지 참으로 답답하다.
저녁놀을 등지고 기인 그림자와 함께
밀려오는 어둠 속으로 타박타박 걸어가는
나를 발견하곤 한다.

미소를 짓는다고 참으로 웃는 것이 아니요.
눈물을 흘린다고 그 또한 참된 것이 될 수 없음은
살아가기엔 너무도 많은 어려움들이
우리를 괴롭히기 때문이겠지.

사람이 변해가고 있음을 보여주고 싶었다.
맨 처음 쳐두었던 울타리를 헐고
조금은 더 넓게 누구를 탓하지 않는
그런 마음이 되려 하고 있음을……

인생에 있어서 하나의 전환점이 있다면
아버지 일로 해서
나는 또 그렇게 변해가고 있다.

- 1989년 1월 30일

어느 魅力에 이끌려 반할 수 있다면
그래서 죽는 날까지 그 매력을 사랑할 수 있다면
그의 종이 되는 것도 괜찮은 것 아닐까?

사랑스러운 소녀를 알게 되는 것이 慾心이었다면
그와의 結婚을 꿈꾸었던 것은 慾望이었고
平生을 같이 지내다 함께 떠나는 것은 꿈이었지.
그것이 얼마나 어리석은 생각인지
살면서 많이도 깨달았지만 쉽게 떨쳐지지도 않네.

그런 꿈으로 해서 돌이킬 수 없는 不孝도 저질렀고
두고두고 지고 갈 짐이 되었지만
왜 그런지 모르면서도 가슴 깊은 곳에서 우러나오는
그저 좋고 그냥 사랑하고 싶은 사람이 누구인지
참 오래도록 기다린 것 같아.

욕심을 버려야 苦痛에서 벗어날 수 있다는데
그 자체를 행복으로 느끼는 것인지
헤어 나올 줄을 모르고 있는 것 같다.
이 나이면 자신을 위해 살기보다는
뒤를 이어줄 다음 세대를 위해 꿈을 전하고
더욱 훌륭한 꿈으로 키워갈 수 있도록

보살피는 역할을 하고 있어야 하는데 말야.

누가 愛人이 있냐고 물으면 언제나
우리 애인은 열아홉 살이라고 했지.
나 자신이 열아홉 살을 벗어나고 싶지 않았고
좋아하던 계집애가 항상 소녀로 남아 있을 그때를
언제부터인지 가슴에 묻어두고 있다고 할까?

머리가 허애진 다음에도 우리 애인은 열아홉이라고
중얼거릴 수 있을지 모르겠지만
사랑하는 우리 애인은 지금 몇 살이라고
보다 現實的으로 말할 수 있기를 간절히 바라고 있지.

대학 삼 학년 나름 합리적이고 현실적이면서
꽤나 正確한 思考를 한다고 믿었었지.
그러나 앞날에 대한 不安感도 같이 시작되는 시기였기에
좀 더 현실적인 苦悶을 한 것도 사실이지만
모든 면에서 나아졌다는 지금 돌이켜 보아도
모든 게 不足했던 그때가 그래도 부러워지네.

카메라는 삼 학년 때부터 익혔지.
아직 좋은 솜씨는 아닌데 무엇을 찍어야 하는지는 조금 알지.

지난해 일본에 갔을 때
여기서는 구하기 힘든 필름을 사왔는데
마땅한 대상을 찾지 못해 아직 갖고 있지.
아끼는 후배 魯貞이와 그의 색시감하고
너 데리고 사진 찍어주고 싶은데
시간이 나면 못난 선배 넋두리도 듣고……

- 1989년 3월 20일

미쓰 高

오늘은 우리 會社 老處女
미쓰 高가 시집가는 날
서른하나 먹도록 시집 못 간다고
보는 사람마다 눈총 주었는데
教會 오빠 다시 만나 이틀 만에 決定하였다더니
한 달도 못 되어 面紗布 썼다.

얍상한 눈 化粧하고
하얀 드레스 입혀놓으니
늘 놀리던 미쓰 高는 어디로 가고
수줍게 웃는 少女가 되었다.

개나리는 이제 제 빛을 잃어가고
벚나무 부푼 꽃망울이 터지는 한낮
입가의 微笑를 바람에 날리며
꽃길을 달려 돌아왔다.

그렇게도 놀려대었는데
新婚旅行 다녀와서는 날 놀리겠지?

次長니임,

언제 結婚하시옵니까?

- 1989년 4월 5일
高二女氏 結婚式에 다녀오며

깊은 사랑에 해항을
새 삶에 장미를
새가 된 노래들에 꽃다발을 보내 줍니다.
— · —

「너는 사랑을 모른다고 하였다.
나는 사랑을 하겠다고 하였다.
......
— · —

저요?
매번날 시를 쓰지요.
하늘에. 네 아이의 눈에 …

1992. 7.
다스고 옛던 그이녀

音樂

窓가에 앉았다.
밤은 새벽으로 달리고
봄비는 내려 가슴 저미는 시간
Beethoven과 Mozart의 Sonata가 흐른다.

Schnabel은 14번의 1樂章을
저토록 感傷的으로 演奏할 수 있는지 모르겠다.
하늘의 별을 보며 演奏하는지
흐르는 듯 끊어지는 듯
꿈꾸듯이 演奏한다.

Lipatti의 A minor는 언제 들어도 슬프다.
어린아이의 해맑은 마음같이 天眞스러우면서도
삶의 마지막을 豫告하는 어두운 그림자가
슬픈 손짓 되어 같이 흐른다.

꺼져 가는 生命이 마지막 渾身을 다해
불꽃처럼 演奏한 A minor는
꾸밈 없이 端雅하나

그의 運命처럼 서러움이 감돈다.

빵을 걱정하며 曲을 썼던 Mozart였건만
그의 音樂은 天眞하고 앙증스럽다.
그러나 그 속에는
모르는 哀愁가 흐른다.

비에 젖어 홀로 빛나는 불빛에 취하여
빗방울이 멀리 보이는 窓가에 앉았다.
밤은 새벽으로 달리고 비는 내려 가슴 적신다.
활짝 핀 벚꽃도 저 빗방울 따라
속절없이 어디론가 흘러가겠지.

불꽃처럼 피어나서는
처절하리만치 자신을 버릴 수 있는 勇氣
그 모습을 떠올리며 이 季節이 가기 전
이젠 떠나야 할 곳이 있다.

- 1989년 4월 6일

어둠꽃

밤길을 달린다.
어둠 속에 나타날 그 무언가를 조바심하여
졸리운 눈을 치켜뜨고
음악과 노래와 한 줄기 바람을 날리며

하얀 불빛 사이로 두려움처럼 나타나서는
한순간의 그리움으로 머물다 사라져 가는
길가의 저 꽃들

살폿한 계절의 모퉁이에서 만나
짧은 망설임에 눈물 적시어
가슴엔 담지도 못하고 떠나보내는 꽃잎처럼
창밖의 밤 풍경도 우리의 사랑도
그렇게 흐른다.

소중한 우리의 삶도 스쳐 지나는 저 모습처럼
한순간으로 희미해지는 것일까?
눈앞에 나타나는 그림자에 마음 쏠리어
모습은 찾지도 못한 채

아쉬움만 담고 또 살아가겠지.

왜, 잠시 멈출 수는 없는 것이냐?
왜, 가까이서 그 향기에 눈감을 수 없는 것이냐?
지나고 나면 되돌아서지 못하고
아쉬움 되어 남는 미련일 텐데……

계절은 기다리지 않고
나 또한 계절 속에 머물 수 없다지만
우리가 늘 바람일 수만은 없지 않느냐?

널 보고 있구나.
어둠 속에 나타났다 사라지는 허상이 아닌
눈을 감아도 환하게 보이는
아지랑이 속의 노란 개나리꽃으로

- 1989년 4월 7일

봄길

사월의 햇살을 달려 계절이 지나는 남쪽을 간다.
길가 꽃들이 화창한 날
그 꽃보다 더 화사한 사람을 훔쳐보며
나는 설레인다.

봄이 찾아오는 들을 달리고
꽃바람이 쉬어 넘는 재를 넘어
어느새 계절이 무르익은 山河를 지나며
몇 밤을 두고 망설이던 생각을 한다.

이 사람으로 해서
얼마나 조바심을 하여야 하는가.
先輩님이라 부르는 이 사람 마음에
나는 또 누구인가?

푸른 대나무와 白沙場 그리고 강물

이 사람의 하얀 옷만큼이나 눈부시게 하는 그 무엇이
날 약하게만 한다.

산에 오르면 둘이서 산에 오르게 되면
이 사람을 안아버리겠다고 했는데
지난 이야기와 앞으로의 소망을 말하고 나면
밤보다 까아만 세상을 보여주리라 다짐했는데……

노을이 어둠으로 바뀌는 길목에서도
바보처럼 약해졌다.
이 사람은 무슨 대답을 할까?
너무나도 빨리 달아나는 밤길이 무서워
깊숙이 기대어 있지 않기를 바라는 마음에서
가냘픈 이 사람의 손목을 살며시 잡아본다.

- 1989년 4월 9일
河東을 다녀오며

숙영 선배님께.

안녕하신지요.
선배님께서 제게 던진 물음에 하루빨리 답해드리는 것이 옳으리라 생각되어 이렇게 편지로 말씀드림을 이해해 주세요.
선배님의 저에 대한 요구가 무엇인지 잘 알고 있지요.
하지만 선배님.
선배님은 이전에도 제겐 좋으신 선배님이셨고, 이후에도 영원히 좋으신 선배님으로 남길 원합니다.
제게 후배가 아닌 한 여인으로서의 만남을 요구하셨을때 전 너무나 갑작스런 말씀에 당장에 뭐라 말씀드릴 수 없었읍니다.
하지만 전 알고 있었읍니다.
선배님은 제겐 한 남자로서가 아닌 영원한 선배님일 수 밖에 없다는 것을…
제가 원하는 것은 언제나 좋으신 선배님으로 계여 달라는 것입니다.
선배님과의 만남의 자리에 있어서도 좋은 후배로 남길 원하는 것입니다.
선배님.
제가 원하는 것을 들어 주시겠지요.
아니, 꼭 들어 주셔야 합니다.

사진 찍어 주신 것 감사해요.
처음 서 보는 자리라 얼마나 어색했는지 모릅니다.
그래도 제 모습이 어떻게 나올지 궁금하군요.

선배님.
건강하세요.
안녕히……

1987. 4. 10. 달의 날

정 드림.

복사꽃

산허리 중턱 중턱 비탈진 구릉마다
연—한 물감 들여 풀솜을 깐 듯

개구쟁이 동네 꼬마 순이 동생이
종이 위에 마구 칠한 파스텔 모양

연분홍 진분홍
복사꽃이 곱다.

풀색이 산뜻한 밭두렁 위엔
어미 소 앞세워 밭 가는 농부

산허리 계곡 계곡 골짜기마다
수줍은 아기 진달래 바람에 떨고

사이사이 스치는 너의 모습은
온종일 설레는 분홍 그리움

- 1989년 4월 12일
釜山 出張길에 大邱, 永川을 지나며

부끄러운 마음

출장에서 돌아와 사무실로 들어서며
책상에 놓여진 편지를 보고 잠시 망설였지.
차분히 말하는 네 모습을 보러
자리에 앉아 눈을 감는다.

지난 저녁 우체통에 편지를 넣었지.
비슷한 순간 우리는 한 가지 문제에 대한
마음의 정리를 하고 있었나 보네.
넌 한 걸음 멀리 난 한 걸음 더 가까이.
우리 사이는 변한 게 없겠지만
내 걸음이 조금은 큰 것 같구나.

내일이면 편지를 읽을 테고
조금은 마음이 누그러질까?
어떻게 매듭을 풀어야 할지 어렵구나.
던진 물음이 너에 대한 요구라고 느꼈다면
우선 고맙다 말하고 싶구나.

만나는 3주 내내 그리고 그 저녁에도

그 말을 하여야만 하는지
수없이 질문하였지.
어렵게 말을 한다 하여도
대답이 무엇인지 잘 알기 때문이랄까?

아니함만 못한 말이 될 거라면
서로에게 흔적만 남는 일이 될 거라면
욕심 때문에 하는 건 아닌지
마지막 순간까지 고민하고 주저하였다면
믿어줄까?

인생을 설명할 수는 없지만
단 한 번 주어지는 숙명이라면
사랑하는 이는
내 영혼이 택하게 하고 싶었다.

너도 우주에 던져진 하나의 세계
나도 그 속에 던져진 하나의 세계
각각의 세계가 하나의 세계로 합쳐진다는 것이

의지만으로 된다고는 믿지 않지만
우리는 살아온 시간이 달라서
시간의 벽이 큰 부담이었다.

그러면서도 부끄럽다는 말 한마디로
부끄러운 모습을 감추려 한다.
뛰어넘지 않으면 허물 수는 없겠지.

그래도 세상은 공평한 것이어서
어려운 것은 곧 쉬운 것일 수 있고
복잡한 것이 가장 단순한 것처럼
우리의 불행은 곧 행복일 수 있다고 믿는다.
내가 떳떳할 수 있고 네가 부끄럽지 않다면
우리가 근심할 것은 없지 않을까?

그리운 것은 말하지 않는다는 어떤 이처럼
평생을 가슴에 묻고 그리워할 수 있겠으나
저승에서보다는 이승에서 늘 보는 모습이면 좋겠다.
좋은 선배는 우리의 운명일지 모르겠으나

나쁜 선배가 되어 사랑하고 싶구나.

원하는 것이 열이라면 언제나 그 열 배가 되어
이 바램이 이루어지길 소망하지.
네가 착한 사람이어서
내가 떼를 쓴다 하여도 변명하지는 않지.

- 1989년 4월 13일

봄비

종일 비가 내린다.
꽃잎은 쉼 없이 떨어지고
봄비가 속살거려
그리움도 피어나고
네 모습은 가슴 가득
빗물 되어 흐른다.

- 1989년 4월 14일

慾心

누구를 사랑하게 되면
기꺼이 그의 종이 될 수 있는
누군가를 사랑하게 되면
宇宙를 준다 해도 바꾸지 않겠노라 다짐했는데
이제 누구를 사랑한다는 말은 않기로 하자.
사랑하겠다는 慾心 그 自體가 慾心이 되어
結局 아무도 사랑할 수 없게 될 테니……

- 1989년 4월 16일

마음의 病

永遠한 것은 없어라.
온 곳이 없기에 간 곳도 없는 것
億萬 년 몇 劫을 두고 지녀 온 因緣도
그 끝이 다하면 아무것도 아닌 것
虛無한 慾望에 사로잡혀
마음의 病 얻지 말며
因緣이 다하면 바람 끝 모양
그냥 그렇게
날려 보내시게.

- 1989년 5월 12일 20시 42분

未練

아카시아 香氣도
佛頭花 흰 꽃잎도
그렇게 바람에 날리고
햇살이 따가운 길 건너에선
아쉬움처럼
휘파람새 소리가 퍼진다.

먼 날
우리가 멈춰 서서 돌아볼
그 어떤 날
둑에서 바라본 강물이
결국은 따라오듯이
모든 게 다 지나버렸다고 하자.

네가 지녔던 거리감만큼
내겐 마음의 짐이었고
破格을 許諾할 수 없는
그 自體가 苦痛이었다면
不幸을 幸福으로 여길 수밖에

찔레꽃이 눈부신 날
갑자기 찾은 아들의 心思를
아버지도 헤아리시겠지만
다음에 찾아 뵈올 땐
잔디가 더욱 파래졌으면 좋겠다.

- 1989년 5월 21일
錦江을 바라보며

이맘때면 담벼락 밑 뜨락에 色色의 채송화가 가득하였지요.
꽃송이 하나하나는 그저 그렇지만
수백, 수천 송이가 피어나는 아침나절의 소담스러움이
이십여 년이 지난 지금 새삼 그리워집니다.
주변에서 사라져 가는 모습이어서 한동안 잊고 있었습니다만,
언제부터인지 채송화가 만발하던
어릴 적 집과 동네 생각이 납니다.
무언가를 바라고 탐내기보다는 그리워하는 일이 많아지며
여러 가지를 생각하게 합니다.

鄭國榮이라고 합니다.
出張으로 갔던 豊山에서 당신을 몇 번 본 것으로
이런 글을 쓰기에는 무리인 듯하나
세월의 여유가 그리 많지 않은
이 사람의 작은 변명으로 여겨주시기 바랍니다.
魏常務님께 부탁을 드린 적이 있습니다만,
글로 請을 드리지요.

당신과의 만남을 請합니다.
단순한 만남을 請하는 건 아닙니다.
집안에서 결혼을 강압받고 있는 입장이라
그 突破口를 마련하고자 請하는 만남이니

당신의 입장을 정리하셔도 좋습니다.
내가 아는 당신은 식당에서 만난 모습과 이름 석 자입니다.
許諾하신다면 언제 어느 때라도 가서 뵙지요.

- 1989년 8월 8일

눈물

맛있는 음식을 대할 때마다
아버지 생각이 난다.
밥상에 둘러앉아 눈치를 보며
아버지가 드시기를 기다렸고
제일 좋은 것을 골라
아버지께 권하시던 어머니의 配慮를
우리는 오래도록 지켜보았다.

향기로운 술을 대할 때마다
아버지 생각이 난다.
天性으로 인해 心中의 말씀 묻어두고 계시다
藥酒를 드시면 하시던 섭섭한 일들
父子만의 오붓한 자리 한 번도 마련 못했는데
어린 마음의 서운함도 그리움 되고
아끼시던 술병엔 아쉬움처럼
보오얀 먼지가 쌓여간다.

맛있는 음식을 대할 때마다
함께 즐기는 追憶이 떠오르질 않아

해묵은 感情처럼 아픔 되어 살아나고

이렇게 혼자서만 대하노라면

生前의 아버지가 눈앞에 선하여

이젠

모르는 눈물이 난다.

- 1989년 8월 9일
土俗에서 식사를 하다가

이 여름을 무척 어렵게 지내고 있지요.
자신에게 밀려와 있는 運命을 두고 피할 것이냐,
피하지 않을 것이냐를 苦心하는 그런 季節이었습니다.
당신과의 만남을 請해놓고 그 기대가 어디까지인지
가늠할 수 없어 마음에선 떨치고 있었네요.

지난 일요일 釜山에서 電話가 있었다는 말에
당신이라 생각했습니다.
그리고는 이내 그동안 적었던 글 몇 편을 뒤적였습니다.
순간의 느낌으로 단숨에 적은 글이었지만
당신에게 보내고자 그중 몇 편을 골랐습니다.

오늘 魏常務님께 電話도 받았습니다.
몇 가지 물어보셨던 것 내일 아침이면 알려주시겠지요.
당신보다는 조금 더 世上을 살았기에
이 저녁 당신을 위해서 할 일과
그리고 내일 무슨 말을 듣더라도
스스로가 해야 할 일 잘 알고 있습니다.

人生의 어려운 決定을 위해 準備하는 瞬間 瞬間이
이 사람에게도 적지 않은 負擔을 줍니다.
그러나 이제껏 살아온 時間보다

더 많은 時間을 살아갈 일이기에
精誠을 다해 對處하여야겠지요.

아침저녁으로 제법 서늘한 바람이 붑니다.
오늘은 아버지 생각을 많이 했습니다.
눈시울이 붉어지기도 했고,
아주 조금 당신 생각도 했네요.

오는 光復節에 당신을 만나러 釜山에 갈 수 있을지
내일 그 可能性을 알 수 있겠지요.
그렇지만 지금, 이 순간
알 수 없는 당신 마음에 대한 기대감으로
작은 幸福을 꿈꾸며 잠들려 합니다.
편히 쉬시기 바랍니다.

- 1989년 8월 9일 23시 8분

새벽 찬 기운이 季節이 바뀌어지고 있음을 느끼게 합니다.
都市의 그림자를 드리우는 저녁 시간은 점점 빨라지고
우리를 잠들게 하는 밤은 그만큼 길어지겠지요.
結實을 위한 한낮의 부산함이 더해지는 한편
머지않을 시간에 찾아올 寂寞과 離別을 暗示하듯
별빛 쏟아지는 풀섶에선 벌레 소리 요란합니다.

그 소리에 귀 기울이다 모르게 잠들곤 합니다.
그리고 꿈 하나 꾸지 않고 잠들 수 있다면,
아무런 記憶 없이 아침에 눈을 뜰 수 있다면
우리는 또 하나의 새로운 體驗을 하게 된 겁니다.
平生 그런 체험을 몇 번이나 할 수 있을지요만.

현선,
뜻밖의 電話에 조금 놀랐다고 전하고 싶네요.
人生이란 것이 오면 가듯 만남이란 것도
결국 오고 가는 일이라 그 순간순간 最善을 다하는 것이
이 사람의 思考方式입니다.
끊어야 할 것은 모질게 끊어야 하고,
구차하게라도 이어야 할 것은 이어야 하는 것이
宇宙의 흐름이라고 할까요?

언젠가 이런 이야기를 할 수 있게 된다면
世上엔 이런 사람도 살고 있다는 걸 보여주도록 하지요.
물론 현선과 같은 사람도 있다는 걸 보여주어야겠지요.

보내는 글은 종종 쓰는 글 중에서 골라본 겁니다.
현선의 記憶에 전부 남겨지기보다는
삶의 一部가 되어 生活에 도움이 되었으면 합니다.

나에 대해 이야기하려 했지만
結局은 나의 慾心과 後悔 그런 거겠지요.
좋은 季節이 되기를 바랍니다.

- 1989년 8월 18일

丹楓이 떨어지고 빛바랜 코스모스 줄기가 길가에 누워 있던
아마 초겨울 길목이었을 겁니다.
일 년 정도 이곳을 떠나 외국에서의 생활을 준비하던 중
갑자기 쓰게 되었던 글이 있었습니다.
왠지 모르게 단숨에 써버린 그 글은
어느 後輩에게 적어주고 떠났었지만
其實은 나 자신에 관한 이야기였지요.
아버지의 回甲을 눈앞에 두고 서른두 살 나이를 바라보면서도
자신에 대한 確信이 漠然한 기대만이 보이고
생활의 일부에 회의를 느끼며 삶의 가치가 희미하던 때
스스로에게 물어보고 답했던 그 글은
종종 되새겨보는 것이 되었습니다.

삶속에서 치루어야 하는 숱한 만남과 이별,
平生을 함께할 수 있는 가슴속의 因緣,
무엇보다도 나를 어렵게 하던 選擇,
오래도록 새겨오던 그런 命題들에 대해
가장 짧게 表現하려 했던 그 속에서도 어느 선택만큼은
스스로가 決定할 수 있기를 간곡히 希望했습니다.
아마도 그것은 어린 시절부터 가슴에 지녀 온
最高의 價値였는지 모릅니다.
다른 모든 것은 거짓말을 할 수 있어도

人間에 대한 사랑만큼은 거짓일 수가 없을 거라고요.
그런 感傷的 기대는 子息의 道理를 다하지 못하는
痛恨으로 남겨지게 되었고,
그러면서도 그 짐을 벗으려 하지 않는
몹쓸 마음이 되어 있습니다.
인생이란 것이 살고 보면 대단한 것이 아닐 텐데
그 시작에서부터 두려워 망설이고 있는가 봅니다.

당신과의 만남도 어느덧 석 달.
처음 만남의 目的이 무엇이었는지를 記憶하고
나아갈 길을 정해야겠지요.
이리저리 치이며 세상살이 모진 맛 겪어보지 못한 사람이
감히 누구에게 내세워 主張할 것은 없습니다만
그런 理由로 自身이 갖고 있는 主張과
꿈을 버리지 않고 간직할 수 있었습니다.

우선 나 자신을 탓하고자 합니다.
무던하고 理解心 많고
또 많이 참아줄 것 같은 사람이라는 느낌을 받았습니다.
結婚 相對가 그보다 좋을 것은 없다고 생각했지요.
그렇기에 붙잡지 못하는 이 마음을
얼마나 탓하여야 하는지 모르겠습니다.

굳이 理由는 묻지 마십시오.
왜 그러는지는 나 自身도 잘 모르니까요.
당신과 마주하며 世上 사는 이야기를 할 수 있으면서도
그 以上에 대해서는 自信이 없었습니다.
이리저리 재어보고 따져보는
그런 것도 모르는 바보는 아니지만,
어린 시절의 꿈과 바꾸고 싶다는 느낌은 들지 않았습니다.
자신의 뜻은 조금 굽히고 주위의 말씀 되도록
많이 귀 기울여보려 했지만
運命은 역시 자기가 맞이하는 거겠지요.

무언가 많이 모자란, 그래서 아직 제 갈 길을 못 가고
어느 길모퉁이에 쭈구리고 앉아 먼 산을 바라보는
한심한 친구라고 여기시기 바랍니다.
나락이 고갤 숙일 때쯤 해서는
어디엔가라도 서 있겠다고 했듯이
바람이 스치는 먼지 나는 어느 길모퉁이에서
별빛 담은 비가 내리기를 기다리며 그렇게 서 있겠지요.
그렇다고 오래도록 서 있지는 않겠습니다.
바람이 스쳐 간 자리엔 痕迹이 없듯이
제가 서 있던 자리에도 흔적은 남기지 않겠습니다.

어른들의 기대에 副應하지 못한 것 새삼 죄송스럽고 反省하며 이 사람을 理解해주려 애써 주신 점 깊이 感謝드립니다.

- 1989년 8월 21일 17시 1분

화려한 앞뜰에 피어있고 벚꽃들이 그 꽃잎들 다 앉혀놓 언제나 처럼 보고있어
피곤하지요?
이제껏
가장은 또 어떻게 시작되나 합니다.

어둠이 참으로 좋결.
자꾸만 젖어서 포개서 회미하고 네 모습도 비춰 또 하나의 날
앞둔어 옵니다.
모처럼 아이처럼 우엄이 나와
이 영역에서 그냥 걸어 볼 셈입니다.

집 앞에 있는 바다에이서 정말 오랜만에 찾았습니다.
어둠이 이렇다 한 백사장 곳곳엔 지난 계절은 마치의 하고 남김들로
아직도 설렁거려 있었습니다.
바다는 바다보고 써 사람들
무엇은 그 곳을 들러 하느면.
내가 내가 아니소
내가 내가 아니기에 그 얼굴들은 모두가 다르것서요.

23살
만남.
이별.
그 어떤 색에도 아직도 서툴어서 이젠 진정 날 찾아 보오 싶습니다.

편지 감사했습니다.
말로 표현 어려운 그 모든 그리움을 함께 들어 주었습니다.

새벽이 가까워지고 밤.
어슴푸런 영악을 바라보여
천천이나 쓰십니다.
건강 하세요.

89. 8. 26日 sAtuRday.

나ち.

가을로 가득찬 오후의 거리.
거리에서 오고가는 사람들만큼 많은 스쳐지나갈 분
그 사람들처럼 멀리서 속가다 또 그렇게 멀리 가시는 겁니까?
가까이 부를 소리도 부를 수 있는 말이 재겐 없습니다.
그건 왜 모르시오?

누군가를 생각하여 이 생각이 그치면 어떻게 살아 상상도 해 봅니다.

가을이 가장 아름다워 보일 때는 계절이 꼬여서서 울울한
냄새를 맡을 때가요 합니다.
지금이 아닌가요?

아름다운 계절에,
자신의 마음을 표현하고는데 이러저요 인색함에 놀라며
없는 줄 알어 봅니다.
건강 하세요.

　　　　　　　　　　89. 9. 20 WED.
　　　　　　　　　　　현선이가 드립니다.

그리움

거리의 네온이 제 빛을 다하고
밤이 깃들어 한산한 거리
소슬바람에 떨어지는 낙엽에 놀라
멈추어 발 아래를 본다.

어느새 계절이 깊어졌는지
가로수 그늘 아래 쌓인 노란 은행잎
무심히 서 있는 자동차 검은 그림자 위에도
비스듬히 내려와 앉고

머쓱한 느낌에 목을 움츠리고
두 손은 주머니에 넣은 채
발길에 채이는 낙엽을 생각하며
걸음을 재촉한다.

누구이냐!
이 쓸쓸한 거리를 홀로 걷게 하며
알 수 없는 그리움 속에 떠올라
살며시 다가오는 너는

- 1989년 10월 29일
銀杏洞 거리를 지나며

W O N D E R

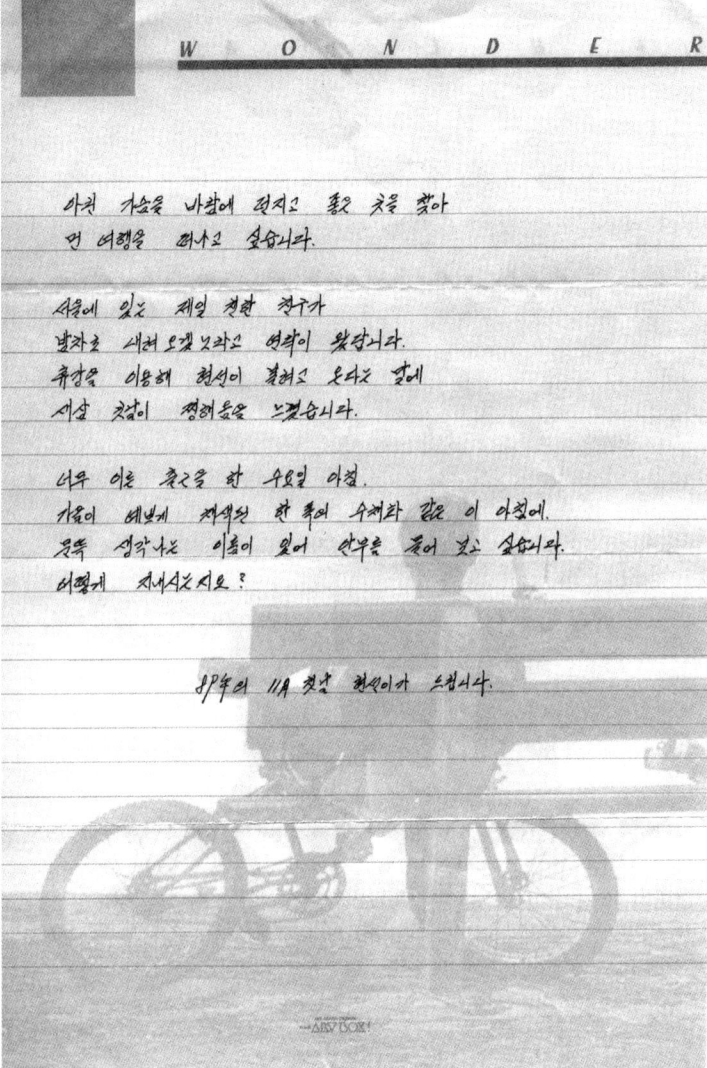

아침 가슴을 바람에 적시고 출근 길을 찾아
먼 여행을 떠나고 싶습니다.

서울에 있는 제일 친한 친구가
발자로 새해 오겠노라고 연락이 왔습니다.
휴일을 이용해 현선이 불러서 오다는 말에
새삼 친구의 정겨움을 느꼈습니다.

너무 이른 춘3월 한 수요일 아침.
가슴이 베이게 차가운 한 쪽의 수채화 같은 이 아침에.
문득 생각나는 이들이 있어 안부를 물어 보고 싶습니다.
어떻게 지내시는지요?

8P의 11A 첫손 현선이가 드립니다.

因緣

우리의 알게 됨을 因緣이라 한다면
만남이 있었으니 헤어짐도 있을 터
시간의 길고 짧음 차이일 뿐
결과는 마찬가지겠지요.

사는 동안 맞이할 인연 중에
마지막까지 가져갈 인연 많지 않겠지만
이 순간 누리는 인연 소중히 하고자 하는 뜻
조금은 헤아려 주기 바라오.

사랑한 것은 虛像일지라도
꿈은 아름답고 소중한 것이라 여깁니다.
당신을 향한 꿈
오래도록 간직할 수 있길 바라지요.

- 1989년 11월 28일

엄마로 부터 카드 오는데 편지도 많이 들어있어야 되는줄 알았습니다.
참을수 없이 보고 싶어도 가슴 속이 초조하여 책상에 앉아져도 변론을 봅니다.

어떤 때라는 하고 생각에 문득 소리없이 웃어보기만 가슴 한 구석에서 쓸쓸히 들어오는 심오에 앞으로 외로워 합니다.

한해를 보내야 하는 오늘 또 하나의 이별할 준비할 때가 되었나 봅니다.

가장 큰 아픔은 언제나 그에 몸 위에 있어서 그 아픈 신음소리 생각나는 탓 입니다.
차대 나한테도 하는 아픔을 남겼다가 끊이 있었는데 오늘밤
앞에서라도 그렇게 해 보고 싶어집니다.
어디를 볼수 없겠지요.

건강 하세요.

89. 12. 4일
천신이가 드립니다.

그대

나는 보았네.
그대 두 볼에 피어난
분홍 장미를

나는 들었네.
그대 입가에 흐르는
소슬바람을

나는 알았네.
그대 두 눈에 감춰진
소담한 작은 꿈

나는 울었네.
그대 가슴 차지할
내 자리 없음을

- 1989년 12월 8일
外換銀行窓口 앞에서

웨딩드레스

세상에서 제일 잘난 우리 집 둘째 딸
선머슴 범띠 가시내
내 동생이 시집간다.

갓난아기였을 땐
울지도 보채지도 않고
손가락 빨아가면 잘도 자더니

학교 다니고 철이 들고
세상에 나서더니만
모두가 제 것인 양 이 땅이 좁댄다.

조것이 언제 커서 시집가나
겨를도 없이
세월이 흘러 흘러 그날이 왔네.

금장식의 화관을 머리에 얹고
구슬로 수놓은 눈부신 드레스 발끝으로 차며
늘씬한 키를 뽐내 식장에 들어선다.

아버지 대신 손을 잡아 引導해야건만
세상일이 자기 마음 같지 않다더니
두루두루 道理가 아니다.

오고 가는 일은 어쩌지 못한다 해도
낳아주고 길러준 부모님 잊지 말고
가끔은 찾아와서 어머니 慰勞해라.

- 1989년 12월 16일
둘째의 結婚式 날에

동동주

부모님들은
막내가 불쌍하다 하여
平生을 귀엽게 여기시는데
불쌍한 그 이유란
이승에서의 因緣이 제일 짧은 탓이라 한다.

엄하신 아버지도
막내에겐 너그러우셔서
제일 버릇 없고
하고 싶은 일 혼자 다 할 수 있었던
그래서 못난이라 불리던 우리 집 막내

이제는 막내마저 시집을 갔다.
어머니는 불쌍하다 하며 눈물 흘리시고
主禮先生의 말씀 중에도 실실 웃던 아기 같은 막내도
新郎과 걸어 나오면서는
고개 숙여 눈물 훔친다.

보고 계실까?

대견하고 서운하고 속상도 하여
집안 어른 친구분과 날이 새련만
그토록 좋아하신 동동주가 독 채 있는데
잔칫날이 다 지나도록 그대로 있다.

                                                1990년 2월 21일
                                                  막내 結婚式 날

라일락

여린 라일락 잎새를 씹으면
첫사랑의 쓴맛을 느낄 수 있다는데
행여 그 아픔이 떠오를까 두려워
감히 입에 대어보지 못한다.

붉은 흑장미를 건네면
사랑의 고백이 담겨져 있다는데
행여 그 마음에 가시가 돋칠까 하여
손끝에 핏방울을 맺히게 한다.

첫사랑의 쓴맛도 절절한 告白도
돌아보면 아련한 꿈
순간순간 최선을 다했는가?
싸한 라일락 향기에 눈을 감는다.

- 1990년 4월

아버지

장독대 작은 독에 담겨진 빗물에
생각 없이 머리를 감다
비눗물에 눈이 매워 소리 높여 울었을 때
달려 나오신 아버지가 머리를 감겨주셨다.
울먹이는 날 달래느라 동전을 쥐여주시던 그때는
채 마흔도 안 되셨는데

혼자서는 다니실 수가 없었던 시절
우리는 번갈아가며 모시러 다녀야 했다.
집으로 돌아오던 어느 겨울밤
그 길을 뜀박질하자며 주먹을 감싸시던 커다란 그 손이
추운 겨울밤이면 모르게 생각이 난다.

때로는 꾸지람이 野俗도 하여
당장이라도 뛰쳐나갈 것 같은 怨望도 많았지만
그것도 한순간 날이 바뀌면
언제 그런 일이 있었냐는 듯 마음에서 사라지는 걸 보면
그래서 父母子息 間의 因緣을 天倫이라 하는지

바깥일을 놓으시고 집에만 계시던 어느 날
갑자기 늙어 보이신 모습에 가슴이 내려앉았지만
우리 아이들만큼은
할아버지 할머니 손에서 키울 수 있으리라는 어릴 적 꿈이
그렇게 어려운 일 거라고는 조금도 생각하지 않았다.

주말이면 찾아가는 집
거나하게 취하신 채
즐겨 부르시는 노래 소리 높이 문 앞에 서시리라.
늦도록 마음 졸이건만
일요일 아침에도 혼자서 밥을 먹게 되고
문득문득 아버지 산소에 가보아야 한다는 생각이 들 때마다
울컥 목이 막히고
창밖 앞산이 자꾸만 멀어져 간다.

- 1990년 4월
佳陽洞 집에서

꽃바람

바람이 분다.
꽃잎이 날린다.
사월이 미운 꽃바람이 분다.

보고 있느냐?
스치는 바람 끝 모양
지나는 불빛에 날리는 저 꽃잎을

널 그린다.
널 기다린다.
이 밤 널 사랑한다고 말한다.

- 1990년 4월 12일

아픈 어깨

일주일에 한 번 가는 집인데
갈 때마다 겁나게 하는
두려운 존재가 버티고 있다.

두어 달은 족히 누워만 있더니
百日이 지나면서부터는
세우던지 아니면 하늘로 올리란다.

어깰 다쳐 여름 내내 병원엘 다녔고
할머니도 신경통에 어깨가 결리시다는데
눈만 뜨면 챙겨 먹고 세워서 놀잔다.

월요일 아침 출근하여 어깰 매만지며
실컷 놀아주지 못한 섭섭함을 달래다 보면
한 줄기 시린 바람이 인다.

살아 계시다면
종일토록 안고 업고 뛰어주시며
흡족한 마음에 세상 시름 잊으시련만

光勳이를 데리고 두 번이나 올라갔지만
색 바랜 잔디 위로 바람만 불고
아버지는 끝내 말씀이 없으셨다.

- 1991년 11월 7일

마지막 저녁

알아들을 수 없는 外國 歌謠가
붉은 등불 아래로 흐르고
유리창의 검은 썬팅이 굳이 필요 없는 저녁
어쩌면 이곳에서 혼자 하는 마지막 저녁을 위해
레스토랑을 찾았다.

裡里로 내려온 지난 십 년 동안
거의 혼자 해결해야 했던 끼니가
불편한지 지겨운지 이제는 잊혀졌는데
내일이 지나면
大田의 식구가 이사를 온다.

하루에도 몇 번씩 光勳이 생각이 나지만
여러 가지 이유로 해서
어머니와 함께 지내기를 바래왔지만
어머니의 배려로
꼬마와 식구가 오게 되었다.

삶이란 어쩔 수 없는 것인지

전부를 만족시킬 수는 없는 것이어서
되도록 부모님과 함께 살 수 있기를 고대했지만
아버지는 먼저 가시고
어머니도 한 달에 몇 번 만날 수 있을까 말까 하는
그런 생활이 되어버리고 만다.

만남과 헤어짐은
인간의 능력 밖의 일이라 하지만
피를 나눈 혈육도
세월이 깊어질수록
떨어져 멀어지고 마는 것인지

하기야 지금의 가장 큰 걱정은
光勳이가 잘 자라주는 것이기에
아비가 되고 나면
자식을 위해 살아가기 마련인가 보다.

삶이 아무리 그렇다 하더라도
만남과 이별은

인간의 영원한 숙명일 수밖에 없는가?
光勳이가 커서도
지금의 이런 심정을 느끼게 될까?

혼자 하는 마지막 저녁을
모처럼 맛있게 먹었다.
사무실로 돌아가 내일의 준비를 해야 한다.
사월의 저녁답게
길가에 라일락 향기라도 스쳤으면 좋겠다.

- 1992년 4월 22일
레스토랑 Center에서

초겨울 안개

초겨울 안개는 무슨 未練이 많길래
한낮이 다 되도록 떠나질 못하는가?

점심 먹으러 가는 네거리 風景이
아침나절 같기만 하다.

벌써 하루의 折半이 지났는데도
느낌은 아직도 하루의 始作인 듯

그래도 어느새 겨울이 들고
햇살이 따스한 窓가가 좋다.

마지막 남은 달력 한 장에도 겨를없이
年賀狀 보낼 이름들을 떠올린다.

이렇게 한 해가 저무는가?
세월은 갈수록 無心ㅎ기만 하구나.

- 1992년 12월 4일
事務室에서

虛妄

한 家長이 잠자리에 들었다가
가슴이 답답하다는 말 몇 마디 하고는
그대로 世上을 떠나고 말았다.

이제 엄마 아빠밖에 모르는 세 살박이 딸과
아직 處女 같은 애 엄마와
어떻게 생긴지도 모르는 배 속의 아이를 두고……

하루 전만 해도
회사 이 구석 저 구석을 다니며
동료들과 일거리에 묻혀 있던 사람이
病院靈安室에 있다는 訃音에
출근길 책상에 앉자마자 어안이 없다.

밤새 안녕하셨습니까? 라는
지난날 부모님들의 인사 말씀이
이제는 예삿말이 아닌 듯 다가온다.

아직도 정정하신 부모와

앞길이 九萬里 같은 색시도 불쌍하지만
엄마의 눈물을 연신 닦아내는
세상 모르는 딸아이 모습을 보니
왈칵 눈물이 솟는다.

生命이란 무엇이길래
그렇게도 모질게 보이는 듯하면서도
저리 懦弱하고 虛妄한가.

너무도 虛妄한 삶은
末伏 뜨거운 뙤약볕 한 뼘 땅에
속절없이 묻혀졌고
살아남은 자들은
그 곁에서 허기진 배를 채운다.

만 하루 한나절 만에
玄洙라 불리던 한 모습은
이승에서의 痕迹을 거두었고
허어, 참…… 이라는 말끝만

뜨거운 大氣 속으로 녹아갔다.

- 1995년 8월 16일
故 金玄洙의 마지막 길에

어느 아빠의 사랑

창밖엔 비가 내린다.
노란 은행잎이 쌓이고 쌓인 그 위에
또 그 무엇을 덮으려 내리는가.

눈을 뜨면서부터 서글픈 하루
깊어가는 가을 풍경처럼
마냥 凄然했다.

삶이 무엇이길래
인생이 무엇이길래
스스로 목숨을 저버리는가.

재물이 인생을 좌우한다고는 하나
자신의 생명보다 귀한 것인가?
더구나
자신의 뜻과는 아무런 상관도 없는
가녀린 어린 딸마저 가슴에 품고서?

나라의 어지러움이

그 속에 섞여 사는 民草들에게
안타까운 사연만 쌓이게 한다.

남아 있는 가족에게 짐이 될까 봐
뇌성마비 어린 딸을 데리고 떠난다는
그 심정이 오죽했으랴마는

그럴 용기가 있었다면
그런 배려를 할 줄 안다면
더욱 열심히 살았어야 하지 않는가.
오늘의 현실이 殊常하여
남의 일 같지 않아서
세상 모든 아빠들의 목이 메였다.

책임
의무
사랑

자신의 역할을 다하려 했던

어느 가장의 슬픈 이야기가

종일 내리는 가을비처럼

좀체 가슴에서 떠나질 않는다.

- 1997년 11월 14일
管理棟에서

구름 그림자

질푸른 쪽빛 하늘 아래
白沙場처럼 빛나는 운동장
검푸른 아카시아 이파리 노랗게 물들어
소슬바람에 팔랑개비 되어 날릴 때
햇빛 가득한 운동장 위로
둥근 그림자 하나 지난다.

티 없이 해맑은 가을 하늘
마음마저 푸르른데
어디서 왔는지
구름 한 점 두둥실

구름 그림자?
구름에도 그림자가 있구나!
언덕에 세워진 삼 층 교실 창틀에 걸터앉아
구름이 보여준 그림자를 보았다.

- 1998년 8월 21일
大聖中學校의 1971년 10월을 떠올리며

십일월

겨울로 접어들던 토요일 오후
下校길 버스에서 마주친 모습에
열다섯 어린 마음은 넋이 나갔지.

해맑은 눈망울 바라보며
童話 속 公主님을 떠올렸고
난 그 속의 왕자를 꿈꾸었네.

라일락 향기 골목 가득한 날
조바심하던 마음을 보여주었고
아침햇살 눈부신 오월 첫날
조심스레 내민 손엔 答狀이 들려 있었지.

누가 알면 곤란하니
우리 사이 아무도 모르게 하자는 편지
하루종일 하늘을 떠다녔네.

그러나 행복은 잠시
애달픈 마음을 저버린 채

약속은 깨어졌고
네게로 향하던 발걸음도 멈추어졌지.

고달픈 旅程은 그때부터 시작되어
다가가면 달아나고
멀어지면 멈추어 서며
가장 아름다울 인생 길목에서
우리는 숨바꼭질만 하였네.

같은 하늘 아래 살고 있다는 것만으로
慰安을 삼으리라던 네 말처럼
너와의 因緣 그 자체를
행복으로 여기며 살았던 시절

세월이 흐르고
강물이 흐르고
우리도 따라 흘러서
살아온 나날이 살아갈 날보다 많아진 지금
이 하늘 어느 곳에 머물고 있느냐.

깊은 한구석에 자리를 비워두고

아직도 그리워하는데

만나면 알아볼 수 있을까?

그때의 어머니보다 더 많은 나이가 되어

이젠 흰 머리도 있을 텐데

宇宙를 준다 하여도 바꾸지 않으리라던 다짐

저 멀리 虛空으로 돌려보내며

十一月 마지막 토요일에 받았던 소년의 感動

그날 네게 주었던 일기장 속에

이젠 넣어두려 한다.

잘 있겠지?

            - 2001년 11월 15일 15시 41분
             標準工場事務室에서

밭에서

봄꽃이 흐드러진 土曜日 午後
늘 그렇듯이 김매러 밭에 들렀다.
좁은 땅 한켠에선
가뭄이 들어 난리라는데
파놓은 둠벙엔 물이 넘치고
그 아래 실개천엔 올챙이가 꼬물거린다.
쇠스랑 휘두른지 얼마나 되었다고
잿빛 구름 사이로 비가 떨어진다.
서둘러 연장 챙겨놓고 차 안에 앉아
가져간 間食으로 허기를 채운다.
車窓에 떨어지는 빗방울이
제법 큰 소리를 낸다.
한창 放學이던 8월 어느 날
아침부터 비가 내려 오갈 데 없어
홀로 창턱에 걸터앉아
뜨락에 퍼지는 빗소리를 듣던
어린 날의 蘇堤洞 집이 떠오른다.
초가지붕에 양철지붕에
호박잎에 포도잎에

장독대에 수돗가에······
어우러져 들려오는 빗소리가 좋아
종일토록 듣고만 있었다.
그날 이후 지금까지
빗소리에 잠이 든다.

- 2015년 4월 4일 16시 10분
百島里 陵岩에서

善,
참으로 오랜만에 불러봅니다.
어디서 어떻게 사시는지 궁금했습니다.
서울에 계시는지 아니면 美國에 가셨는지 궁금해서
여러 方面으로 알아보았습니다만
便紙往來가 멈춘 以後로는 정말 난감하더군요.
그리고 30년이 흘렀습니다.
善이 느꼈을 세월의 무게만큼
제게도 세월의 무게가 내려와 있네요.
그때 저 같은 나이의 아이들이 있고,
나보다는 아이들 將來를 걱정하고 있는 그런 사람이 되었지요.

善,
지난해부터 寫眞을 整理하고 있습니다.
예전의 필름 사진을 앨범에서 꺼내어
컴퓨터에 貯藏하는 作業입니다.
그러면서 發見한 필름마저 Scanning했지요.
해야 할 사진이 많이 있는데
Clear File을 뒤져보니 편지가 많더군요.
마음이 바뀌어 편지를 정리하고 있습니다.
제 靑春의 가장 重要한 期間이 담겨 있는 편지를
그대로 둘 수 없었습니다.

편지를 수없이 썼더군요.
보낸 편지는 남아 있지 않으니
노트에 기록한 礎稿를 컴퓨터에 담기는 만만치 않은 일이라
일단 뒤로 미루었습니다.

받은 편지 중에는 善의 편지가 으뜸으로 많네요.
10년 동안 받은 편지가 고스란히 保管되어 있습니다.
대충 보고 있지만 感懷가 새롭습니다.
그때도 이런 感情을 느꼈는지 記憶이 흐릿하지만
아마 제 스스로가 빠지지 않으려 했을 겁니다.

善의 편지도 그렇고 제가 좋아했던
女人들(그때는 느끼지 못한)에게 주었던 편지와
그들의 편지를 보면서 울컥한 마음을 감출 수가 없었습니다.
쉽지 않은 일이었고, 不幸이라고까지 여겼었는데
이제 와 생각하니 幸福한 일이었습니다.
그렇게 熾烈하게 살았기에 오늘의 제가 있다는 생각을 하니
행복한 마음이 가득합니다.

善,
저는 정말 幸福한 삶을 살았다고 느끼고 있습니다.
무엇을 選擇하고 무엇을 망설일 必要가 없는 時期가 되었기에

지난날을 負擔 없이 돌아볼 수가 있습니다.
두 사람에게는 未安한 일이었지만 저의 選擇을 後悔하지는
않겠다고 했으니 후회할 수는 없지요.
그렇지만 未練을 남겼다는 慰勞의 말을 전하고 싶습니다.
經驗이 없어서 그랬다고 慰安하기엔
스스로도 아쉬움이 남기 때문이지요.

善,
4월의 봄비가 이 밤에도 내립니다.
善의 편지에도 비 이야기가 많았습니다.
自然의 숨결을 느끼며 밤늦도록 편지를 쓰던
지난날이 정말 그리워집니다.
단 며칠 만이라도 그날들로 돌아갈 수 있다면
善에게는 感謝의 말을 그들에게는 眞心을 전하고 싶군요.
善에게도 그들에게도 제가 무슨 存在로 記憶되고 있을지
意味를 찾을 必要는 없겠지만
저는 앞으로도 그 追憶을 떠올리며
많은 날을 幸福해하겠습니다.
세상을 잘못 살지는 않았다는 느낌에 기쁨이 가득합니다.

善,
서울에 갔을 때

百貨店에서라도 偶然히 마주쳤으면 좋겠습니다.
편지 속에서 많이 보고 싶어 하시던 善의 마음을
제가 理解하고 있었는지, 그래서 종종 찾아가
만났는지 記憶이 가물가물합니다.
그런 저를 充分히 이해하고 계셨으리라 慰安해봅니다.
詩集을 하나 냈었지요.
善에게는 꼭 드리고 싶어서 搜所聞했지만
이렇게 세월이 흘렀네요.
그 後에 몇 편을 더 보탰기에 다시 한번 詩集을 꾸미려 합니다.
제 能力을 뽐내기보다는 한 人間의 記錄을
스스로 整理해본다는 意味입니다.
詩와 여러 편지 그리고 蒐集한 骨董品(찻잔)을 묶어
이승에서 工夫한 結果를 記錄으로 남겨보려 합니다.
欲心이 될지 모르겠으나
넉넉히 시간을 두고 進行해보려 합니다.

善,
정말 기분이 좋습니다.
다시 그날로 돌아간 느낌입니다.
日常生活 속에 빠져 있으면서도
틈틈이 짬을 내어 누군가에게 열심히 편지를 썼다는 自負心이
오늘 밤 이렇게 기분 좋은 記憶으로 스며들지

그때는 정말 몰랐겠지요.
善에게 다시 한번 감사의 말씀을 드립니다.
끊임없이 激勵해주시고 念慮해주셨는데
조금이라도 企待에 副應했는지 모르겠습니다.
이렇게 30년이라는 時間이 지난 다음에도
고마운 마음을 전할 수 있게
늘 가까이서 지켜봐주신 것 같네요.

善,
빗소리는 여전히 조잘거립니다.
아침이 밝을 때까지 그랬으면 좋겠습니다.
비가 오지 않더라도 컴퓨터에서 나는 빗소리를 들으며
잠을 請하는 날이 많습니다.
이제는 클래식 音樂도 무척 좋아합니다.
善의 피아노를 한 번도 들은 적 없지만,
Lipatti를 통해서, Schnabel을 통해서
Mozart와 Beethoven의 Sonata를 듣습니다.
善과 계속 연락을 주고받았다면
제가 수집한 音源을 자랑했겠지요.
이런 바램이 하늘에 통한다면
머지않아 만날 수 있으리라 여깁니다.
동그란 눈을 치켜뜨고 무척 반가워하시는 모습이 떠오릅니다.

善,
정말 幸福한 밤입니다.
편히 쉬세요.

- 2016년 4월 28일
益山에서 國榮

辨明

알 수 없는 거였다.
모든 걸 다 알 수는 없는 거였다.

정말 그랬다.
그래서 未練을 두었고
그래서 後悔를 남겼다.

피할 수 있었지만 피하지 않았고
아쉽고 안타까웠지만 幸福할 수 있었다.

돌아갈 수 있다면
그날 그 자리에 다시 설 수 있다면
모든 걸 되돌릴 수 있을까?

그러고 싶지는 않다.
다 나의 것이고 내 삶이었다.

- 2020년 4월 27일 2시 20분
儒城 집에서

約束

처음 본 이후로 단 하나
자유로운 靈魂이었을 때에도
모르던 進退兩難의 困境에 처해 있을 때도
오직 하나만을 기다렸었다.

못 본 지 수십 년
새벽 잠결에 나타나서 던진 한마디에
세상을 얻은 듯 기뻤다.
그토록 기다리던 約束을 받아낸 것이다.

얼마나 듣고 싶은 말이었던가.
얼마나 기다렸던 말이었던가.

그러나 선잠을 잔 것이었는지
꿈속에서도 꿈이 아닌지 의심하였고
잡으려 했지만
黎明의 어둠 속으로 사라지고 없었다.

일어나 창문을 열어본다.

언제라도 꿈에서라도 듣고 싶었던
그 약속을 받아낸 기쁨보다는
身邊에 變故가 없는지 불안함이 더 크다.

- 2020년 11월 20일
새벽 잠결에

꽃집 아가씨

구름이 흐르는 밤
비가 멈춘 자리에 바람이 지난다.

두 해 남짓 머물던 자리는 비었고
꿈을 좇던 마음은 걸음을 멈추었다.

누구에겐 세월이 남았고
누구에겐 시간이 모자라서
어차피 겨룰 수 없는 일이었는데

떠난 자리는 담아두겠지만
언젠가는 잊혀질 터

꿈과 함께
하고자 하는 일 꼭 하리라 믿어요.

- 2021년 7월 4일
비가 지난 창밖을 보며

벗이여

무어 그리 급한 게 있어 이리 慌忙히 떠나시는가.
일 놓으면 漢文讀解 배워보겠다고
이런저런 書畵帖 모았는데 참으로 섭섭허이.

結婚 즈음해서 닿은 緣이 오늘에 이르도록
없는 듯하다가도 곁에 있는 追憶들이
어제처럼 생생하여 꿈같기만 하네.

종종 電話하여 安否를 물어주고
때론 世上 돌아가는 일 意見도 물어주고
주절거리는 말 오래도록 들어주어 고마웠네.

安否가 궁금했지만 자네 當付에 지켜보기로 했고
마지막 通話에서 들린 맑은 목소리에 잠시 放心했네만
그 목소리로 記憶하게 되어 또한 感謝하네.

벗으로서도 社會의 人材로서도 아깝고 아깝네.
우리의 안타까움일랑 다 벗어버리고
先諸位文人들과 어울려 한껏 自由로우리라 믿네.

記憶이 다하지 않는다면
落葉 내려앉는 가을 저녁 벗 위해 술 한 잔 기울일 터
반겨주시게나.

- 2022년 11월 22일
禹勳 靈前에 벗 雲影 再拜

꿈꾸고 있나요

자고 있나요?
잠들지 못했었지요.
이유를 궁리하고 생각을 정리해서
날이 새도록 옮겨 적었지요.
편지가 전해졌는지
이 마음을 느낄 수 있었는지
애가 탔지요.

꿈을 꾸나요?
처음부터 꿈꾸었지요.
좋아서 설레였고 생각하니 설레여서
매일 꿈속에 있었지요.
언제나 함께할 수 있을지
어떻게 하면 놓치지 않을지
조바심했지요.

오래도록 우리는
멀고도 가까운 사이였네요.
꿈은 사라졌지만

오늘도 꿈을 꿉니다.

그대,
아직 꿈꾸고 있나요?

- 2023년 6월 27일 2시 20분
益山에서

處暑에 내리는 비

더위가 가시는 비가 내린다.
에어컨을 켜지 않았다.
北窓도 베란다도 활짝 열었다.

올여름이 가장 시원할 거라는
과학자들의 우울한 발표를 공감하던
8월 폭염도 이제 끝이 보인다.

이른 아침부터 대학병원 진료 두 번
숙소에서 늦은 식사를 하고
오후엔 헬스클럽에서 운동
사무실에서 끝나지 않는 정리를 하는 둥 마는 둥
서둘러 숙소에 돌아와 빗소리를 듣는다.

맹위를 떨치던 올여름 무더위도
저 빗소리에 실려 떠내려가나 보다.
더위가 가는 건 좋은데
가을이 온다는 건 겨울도 가까워 온 거고
벌써 세월 가는 시름을 안아야 한다.

어제도 잠깐 내린 비는 전조였는가?
병원에서 대기하며 느끼던 한기가 심상치 않더니
오후부터 내리는 處暑의 빗줄기에
모기도 떠내려갈 터
2023년을 보낼 준비를 해야 한다.

- 2023년 8월 23일 18시 36분
益山에서

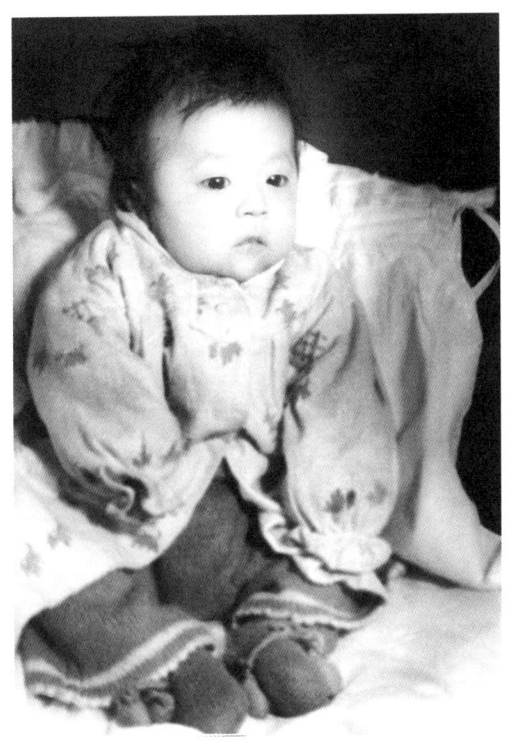

⟨百日(1958년 2월 10일)⟩

小也

엄마, 아기 어디 갔어?
하루종일 아기를 찾아다녔다.
어머니한테 묻고 또 물어가며
누나와 함께 동네를 뛰어다녔다.
무어라 답하시던 어머니들 얼굴은 떠오르지만
記憶은 거기까지였다.

入學 후 봄소풍으로 갔던 더퍼리
산길에는 돌무더기들이 많았고
조심스레 작은 돌을 얹으며 지나는데
'아기 무덤이다'라는 소리가 들렸다.
순간 아기를 찾던 기억이 떠오르며
잊고 있던 아기 行方을 이해하게 되었다.

二部制 수업을 하던 2학년 어느 화사한 날
학교 옆 공동묘지 발굴을 멀리서 지켜보았다.
관이 있던 사각형 자리는 유난히 검게 보였고
그 좁은 곳에 누워 하늘만 보았을 사람은
얼마나 답답할까 하는 걱정을 했다.

죽음의 의미를 확실히 알게 된 5학년부터
두려움에 잠들기 어려웠다.
어떻게 하면 이 문제를 해결할 수 있을지
오랜 기간 잠을 설쳐야 했고
어른이 되면 죽지 않는 약을 발명하겠다는
생각을 떠올리고서야 지나갈 수 있었다.

그 무렵 思春期가 시작되었나 보다.
쉬는 시간 교실 밖으로 나오면
윗층 6학년 여학생도 항상 나와 있었고
귀엽고 순진한 표정의 모습에 끌리어
일 년 내내 바라보았다.

중학교 입시가 없어진 덕에 6학년이 편했다.
무장공비 뉴스로 세상은 시끄러웠지만
갑자기 생긴 기계체조부 연습 보는 재미
아니 예쁘고 늘씬한 主將 은옥을 보느라
해가 떨어지도록 운동장에 있었다.
여자애들을 이성으로 보기 시작한 시기였다.

중학생이 되어선 여학생 곁에 가질 못했다.
文房具에 갔다가도 여학생이 있으면

들어가지 못하고 나오길 기다렸고
부끄러움인지 어색함인지 그냥 피했다.

이 학년이 다 지나던 11월 마지막 토요일
오전 수업 마치고 끼니도 잊은 채
축구를 하고 버스에 올랐다.
도청 앞에서 갈아타고 銀杏洞에 오니
내 앞으로 여학생이 올라온다.
얼른 가방을 잡아당겨 무릎에 올렸다.
교복만 보고 있다가
大田驛에서 元洞 쪽으로 돌릴 때
고갤 들어 얼굴을 보았다.
눈이 정말 예뻤다.

다음 정류장에서 자리가 나자
인사와 함께 가방을 들고 간다.
스친 손길을 부여잡고 갈등에 빠졌다.
이대로 지나쳐야 하는지
따라 내려야 하는지 고민하는데
뜻밖에도 우리 동네에서 내린다.
新作路 걸어가는 뒷모습을
골목으로 사라질 때까지 보았다.

동네 형 여동생이었다.

사춘기는 그 애를 만나면서 끝이 났다.
苦悶이 시작되었고 생각으로 가득했다.
目標가 생겼고 合當한 論理를 만들기 위해
무언가 늘 궁리하며 다녔다.
고등학교 일 학년 4월 편지를 건넸다.
아침햇살 눈부시던 5월 첫날 答狀을 받았고
종일 떨리는 가슴 억누를 수 없었다.
아직 어리다면서도
아무한테도 말하지 말라는 편지를 읽으며
얼마나 기쁘고 행복했는지 모른다.
조바심하던 내 告白을 받아준
계집애는 첫사랑이 되었다.

大入試 준비가 막바지였던 8월
바짝 말라가는 아들이 심상치 않으셨는지
아버지 말씀에 검진을 받아보니
간염이 심각해져 있었다.
입원치료 받아야 한다는 宋岩內科 원장님 권고에도
수업을 다 뺄 수는 없어서
보충수업 시간에 치료를 받았다.

링거를 맞는 2시간 동안 잠들기도 하였지만
이런저런 생각이 많던 어느 날
잠든 이후와 깨어나기 이전의 기억이 하나도 없는
꿈 하나 꾸지 않고 자는 잠과 같은 것이 죽음이라는
倫理 시간에 들었던 소크라테스의 변명이 떠올랐다.
눈이 번쩍 뜨였다.
꿈꾸느라 잠 설치는 일도 많지만
어쩌다 정말 꿈 하나 꾸지 않고 자는 잠을 경험한 터라
그 의미를 이해할 수 있었다.
죽음을 두려워하지 않기로 마음먹게 되었다.

병원치료가 끝나갈 무렵 吉鉉이와 學宣이 주선으로
대전여고로 연락이 갔나 보다.
다 죽게 생겼다고 했는지 어쨌는지
그 애가 나올 테니 나가라는 거였다.
蘇提洞과 大洞을 오가며 이야기할 수 있었다.
대학에 가서 미팅하지 않겠다는 것과
써클 활동도 하지 않겠다는 말을 하고 있었다.
네가 결혼하기 전까지 결혼하지 않겠다는
일방적인 약속도 덧붙였다.
먼발치에서 吉鉉이가 우리를 따라다녔다.

그 애가 예비고사 보던 날 보고는
대학 3학년이 되어서야 다시 만날 수 있었다.
어떻게든 매듭을 지어야 했기에
일 학기 내내 생각을 정리했다.
너무 좋아서 제대로 좋아한 적도 없는데
정말 보내야 하는지 힘들었지만
진실로 사랑한다면 떠나라는 말을 되뇌이며
차근차근 마음을 추스리며 정리해갔다.
우리의 사랑이 두려운 일이라면
저 하늘 두 별이 되어서 살자는 虛妄한 다짐도 했다.

그렇지만 둘은 매듭짓지 못했고
실낱같은 인연은 10년이나 더 이어졌다.
어쩌다 만나면 禪問答으로 혼란스럽게 하였고
내미는 마지막 손짓임을 알아채지 못하고
멍청하게도 이 땅을 떠나고 있었다.
한마디 귀띔이라도 해주었다면
모든 걸 걸고 다른 결과를 만들었으련만
돌아와 연락하고 기다렸지만
끝내 나와 주지 않았다.

무엇을 찾고 있었는가?

많은 因緣이 스쳐서 갔고
가슴 뛰는 기억보다
아픈 추억이 더 많은 세월을 살았다.
아이들 나이가 그때의 나보다 많아진 지금
또다시 그날로 돌아가곤 한다.
그날 그 순간 그 자리에 선다면
나는 다른 선택을 할 수 있는가?

그 애를 한창 좋아할 무렵
훗날 딸에게 줄 이름을 짓고 있었다.
둘째로 딸이 태어났지만
그 이름으로 불러줄 수 없었다.
역술인에게 밀린 것이다.

결혼하기 전 가족이 모인 어느 날
갓난아기를 찾던 그날의 기억을 꺼내자
어머니는 담담하게 설명하셨다.
설날 아침 다섯 식구는
연탄가스 중독으로 일어나지 못했고
그때 아기만 하늘나라로 갔다는 것이다.
두어 살 적었을 여동생은 이름도 얻지 못한 채
하늘의 별이 된 것이다.

얼굴도 모습도 떠오르지 않고
찾아 헤매던 記憶만 內在되어
내내 그리워하고 있었나 보다.

무덤도 없고 기억할 흔적도 없이
아직도 이 어디를 떠돌고 있을 내 동생
같이 컸다면 오빠와 많은 얘기를 했겠지?
오빠가 심부름도 많이 시켰을 거야.
오빠가 좋아하는 사람 만날 때
너도 꼭 같이 있었을 것 같구나.
恨이 많겠지만 이제 내려놓으렴.
오빠도 이젠 널 보내주고 싶구나.
오빠가 딸에게 주려 했던 이름 小也
작은 아이 '아가야'라는 뜻이지.
학교에 가면 아이들이 놀렸겠지만
하늘에선 예쁜 이름으로 불리울 거야.

小也,
오빠가 네 이름으로 부른다.
오래전 후배에게 편지를 쓰며
이름을 대신하여 小也라고 부른 적도 있지.
그는 誤解했겠지만

오래전부터 오빠는 너를 부르고 있었단다.
섭섭했겠지만 이젠 미소 짓기 바란다.
언젠가 우리 가족 모두가 만나게 되면
오빠에게 실컷 어리광 부렸으면 좋겠네.
오빠가 모두 받아줄게.
오빠는 小也가 무척 보고 싶다.
오빠가 많이 사랑하고
오래도록 보고 싶어 한 거 잊지 마.
다음에도 꼭 내 동생으로 태어나
예쁜 꿈꾸며 마음껏 사랑하는 모습 보여줘.

너무 늦어서 미안해.

- 2024년 1월 10일 2시 53분

〈1960년 初 가족사진〉

공룡능선

권금성 위로 하현달이 걸쳐 있다.
신흥사를 지나 비선대로 접어드니
날이 밝아온다.

마등령을 향한 첫걸음부터 심상치 않다.
돌계단이 생각보다 높고 가파르다.
여길 오기 위해 1년을 준비했는데
첫발부터 걱정이 앞선다.

숨은 가쁜데 심장은 괜찮다.
열심히 운동하고 훈련한 덕인가?
울산바위가 생각보다 가깝게 보인다.
만만히 금강굴 왔다간 큰일 나겠다.

마등령과 관음봉은 비교가 안 되지만
계룡산을 올라서인지 견딜 만하다.
카메라를 손에서 뗄 수가 없다.
여기도 경관이 좋다.

마등령을 오르며 이렇게 진을 빼면
공룡능선은 어쩌라는 건지.
저기가 삼거리인가?
오르는 데 4시간 걸렸다.

마등령 삼거리는 약간 평평하며
이 꼭대기에 벤치가 놓여져 있다.
등반객들 쉬어가라는 곳인가 보다.
구름 덕에 햇볕은 가려졌지만
높은 곳이라고 바람이 제법 세다.

공룡능선에 들어섰다고 느끼는 순간
긴장감과 함께 도전정신이 생긴다.
지나기도 어려운데 어떻게 닦았을까?
보이는 게 다 낭떠러지네.

눈에 구상나무가 들어온다.
활엽수가 많이 보인다 했더니
침엽수는 귀하다.

이 높은 곳도 식생이 변하고 있다.

어떤 사람이 에델바이스를 찾기에 보니
자기 발밑에 두고 찾는다.
설악산 솜다리를 보긴 처음이다.
근처에 많다고 하기에 찾아보니
바위틈에서 여러 개가 보인다.
바람에 날아온 흙먼지에 끼여 살고 있다.

공룡능선에 여러 이름이 있던데
공부를 하지 않아 모르겠고
카메라에 열심히 담아가서 보자
철쭉이 많이 보인다.
이파리에 왜 노란 반점들이 많은가?

꽤 큰 돌들로 길을 만들어 놓았는데
암벽을 오르내리기도 한다.
밧줄도 있고 철봉을 박아놓기도 했다.
카메라를 들고 있어서 쉽지 않다.

1,200고지에 개회나무가 많이 보인다.
난쟁이붓꽃과 각시붓꽃도 보인다.
좋아하는 꽃이니 많이 찍자.
가파른 곳이라 길이 끊기는 곳이 있다.
곧 장마철인데 걱정이다.

지쳐갈 무렵 미끄러져 가며 언덕을 오르니
사진에서 보던 경치가 보인다.
하지만 날씨가 흐려서
상상하던 그림은 나올 것 같지 않다.
둘러보니 소청봉과 대피소가 보인다.
사진을 찍으며 왔지만 4시간 걸렸다.

이제부터 내려간다.
그런데 내려가는 게 더 어려워 보인다.
수직 암벽도 그렇지만
높이 차이만큼 무릎에 충격이 온다.
무릎 보호대도 등산화도 어쩔 수 없어 보인다.

이 숲속을 울리는 딱다구리의 나무찍기
꽤나 큰 녀석인가 보다.
저렇게 찍어대도 머리통은 괜찮은가?
무릎도 아프지만 이제 고관절도 아프다.

경사가 완만해지는가 싶더니
계곡 물소리가 커진다.
폭포가 나타났다.
철계단도 보인다.
그런데 끝나질 않는다.

계곡이 통째로 암반이다.
하얗다고 해야 하나 밝은 회색이라고 해야 하나.
단풍이 들면 멋진 풍경 보일 것 같다.
힘은 들지만 발은 저절로 나간다.
비선대는 언제 보이나.

오를 때와 다르게 비선대 출입문이 닫혀져 있고
가까이 가니 저절로 열린다.

머지 않은 곳에 있는 화장실도
들어서니 불이 켜지고 음악도 나온다.
우리나라 화장실은 산골짝에서도 남다르다.

학창시절 수학여행을 한 번도 가지 못했다.
6학년 때 가는 서울은 수학여행길 버스가
건널목 충돌 사고로 전국적으로 중지되었고
중2 때 가는 경주도 비슷한 사고로 취소되었고
고2 때 가는 설악산은 母校 선배들의 연이은 사고로
우리 동기만 연기되었는데
고3 때 누가 수학여행을 가자고 하겠는가?
졸업앨범 어디에도 수학여행 사진이 없다.

신흥사는 왔었지만 설악산을 오른 적이 없다.
우연히 공룡능선 사진을 보고 놀라서 준비를 했다.
코로나로 쉬던 운동도 다시 시작하고
계룡산을 훈련 삼아 여러 번 오르며 가늠해보니
물은 최소 2리터 이상
카메라도 달랑 한 개만 챙겨야 했다.

심장이 견디어 줄지 걱정했지만 기우였고
힘겨운 발걸음이지만 씩씩하게 걷고 있다.
무거운 카메라를 들고 13시간 만에 돌아왔다.
공룡능선을 주파했다는 게 자랑일 수도 있겠다.
이 나이에라도 올 수 있어서 다행이다.
눈꽃 풍경은 어려울 것 같고
천불동 계곡 단풍 찍으러 다시 오고 싶다.

- 2024년 5월 30일
恐龍稜線을 다녀오며

마무리

그 모든 편지들을 있게 한 최초의 편지
처음 보게 된 후 1년 6개월을 기다려
1973년 4월 18일
15년 6개월 까까머리 학생이
딱 1년 차이 중3 소녀에게 건넨

『사랑!
알다가도 모를 것 중의 하나인……
한 여성을 사랑한다는 게 이렇게 힘든 줄은 몰랐어요.
나 혼자만이 해결하려고 하니 더욱 힘이 들어요.
이제까지 쭉 지켜본 결과
모든 것이 마음에 들 뿐 아니라
나를 사로잡기까지 합니다.
용모와 그 웃음 그리고 하나하나의 행동과 움직임들
참 명랑하더군요.
쾌활하고 사교성이 풍부할 것 같아요.
어떻게 생각할지 모르지만
영원히 사랑하고 싶어요.
처음 볼 때부터 느낀 감정이에요.

누가 뭐라고 해도 영원히 사랑하고 싶어요.
이 사랑이 깨어진다면
아니, 이루어질 수 없다면
나의 슬픔은 말할 수가 없습니다.
최고의 슬픔이 될 거예요.
앞에 자주 나타나겠어요.
지금 될 수가 없다면 기다리겠어요.
일편단심으로 꼭 기다리겠어요.
무례함을 이해하세요.

고요한 밤에 ○恩을 생각하며』

뭘 안다고 사랑이라는 표현을 썼을까?
뭔 믿음으로 영원히 사랑하고 싶다 했을까?
꼭 기다리겠다고는 왜 했을까?
이 편지를 시작으로 정리하고 싶었지만
두 사람의 인적사항이 상세히 적혀 있어 고심했고
다르게 표기하자니 의미가 퇴색되기에
넣지 않기로 했다.

책을 가장한 일기장에 편지를 넣었기에
답장도 일기장 속에 들어 있었다.
그렇지만 얼마 지나지 않아
편지들은 주인들에게 되돌아갔고
내용은 기억했지만 두고두고 후회했다.
돌려보내지 않았다면
계집애의 마음을 항상 읽고 있었다면
우리의 운명은 달랐을 거다.

누군가와 이야기하고 싶었고
누군가의 보살핌을 갈망했었다.
위아래로 누이들이 있었지만
나이 차로 인해 느끼는 세상이 달랐다.
어려서부터 어머니에게 받은 교육은
강인하게 하였지만 고독하게 하였고
혼자 생각하고 혼자 판단하며
스스로 결정하게 하였다.
그 공허함을 메우려 하였고
그래서 늘 상상하고 있었다.

그 만남은 시위를 떠난 화살이 되었지만
과녁에 꽂히지 못하고 날아다녀야 했다.
그 공허함이 무엇이었는지 아직 모른다.
누군가와 끊임없이 이야기하고 싶었고
그럴 가능성이 있는 존재라고 여기면
최선을 다해 말 건네려 했다.

그 기록이 편지로 남았다.
사랑해서였는지
사랑하고 싶어서였는지
아니면 미워서였는지
온 힘을 다해 썼다.
며칠, 몇 밤, 몇 개월을 한 사람에게 쓰기도 했다.
대부분은 이제 기억에 없지만
그랬던 것은
후회를 남기지 않기 위해서였다.
결과가 어떻든 개의치 않았다.

아버지와 처음 선영으로 성묘 갔을 때의

끊임없던 고갯길
아홉 살에겐 힘겨운 거리여서
언제 도착하는지 여쭤보면
한 고개만 넘으면 된다고 하셨지만
몇 고개를 넘었는지 셀 수도 없었다.

인생은 그랬다.
한 고비를 넘으면 또 다른 고비가 찾아오고
고개를 넘으면 또 고개가 나타났다.
돌아보아도 보이지 않는 고개들이지만
그래도 가슴에 품고 가야 할 것들이 있다.
먼 길 가는 길에 함께할 기억들을 정리했다.

다행스럽게 동생 일도 마무리 지을 수 있었다.
함께 컸으면 좋으련만 그렇지 못한 여동생
속에 두고 있었지만 꺼낼 수 없었던 기억
늦었지만 이름을 불러주고 천도재도 부탁하며
내 동생이었음을 확인하기로 하였다.

남은 길이 얼마인지 모른다.
어떤 고갯길이 나타날지도 모른다.
이제까지 온 길도 알고 온 길 아닌데
모르면 또 어떠랴.
가는 데까지 가보려 한다.

- 2024년 6월 7일
原稿作業을 마무리하며

〈1959년 6월 15월 大田寶文山〉

고장 난 번개

빗소리야 요란한 거지만
번개는 왜 저리 호들갑이냐?

잠자리에 들었지만 일어나야 했다.
베란다 문턱에 앉아 비 구경을 한다.

얼마나 대단한 비구름이 형성되었길래
빗줄기는 그렇다 쳐도
체면 없게 오두방정인지.

유명인사를 향한 카메라 플래시 세례처럼
꺼지지도 켜지지도 못하고 깜빡거리는 형광등처럼
하늘 저 위에서 쉼없이 번쩍거린다.

우주에서 저 현상을 볼 수 있으려나?
木星이 저렇다던데……

번개가 바쁘다 보니
천둥이 미처 따르지 못하는 듯

빗소리에도 묻혔다.

빗소리가 좋아 비 구경 많이 했지만
이런 번개는 또 생전 처음이다.
번개가 고장이 났다.

- 2024년 7월 10일 2시 35분